U0729123

Yangmingxue
Jiqi Chuanbo

阳明学及其传播

顾鸿安 著

ZHEJIANG UNIVERSITY PRESS
浙江大学出版社

图书在版编目（CIP）数据

阳明学及其传播 / 顾鸿安著. —杭州:浙江大学
出版社，2015.4(2016.5 重印)
ISBN 978-7-308-14360-8

Ⅰ.①阳… Ⅱ.①顾… Ⅲ.①王守仁(1472～1528)
－哲学思想－研究 Ⅳ.①B248.25

中国版本图书馆 CIP 数据核字（2015）第 014136 号

阳明学及其传播

顾鸿安　著

责任编辑	胡　畔(llpp_lp@163.com)	
封面设计	春天书装	
出版发行	浙江大学出版社	
	（杭州市天目山路 148 号　邮政编码 310007)	
	（网址:http://www.zjupress.com)	
排　版	杭州中大图文设计有限公司	
印　刷	虎彩印艺股份有限公司	
开　本	880mm×1230mm　1/32	
印　张	7.25	
字　数	152 千	
版 印 次	2015 年 4 月第 1 版　2016 年 5 月第 2 次印刷	
书　号	ISBN 978-7-308-14360-8	
定　价	35.00 元	

版权所有　翻印必究　印装差错　负责调换
浙江大学出版社发行中心联系方式:0571－88925591;http://zjdxcbs.tmall.com

自　序

　　阳明学是以浙江余姚人王阳明为代表的心学思潮，又称王学或姚江学、越中学。

　　王阳明（1472—1529），名守仁，字仁安，世称阳明先生，浙江余姚人，我国古代著名思想家、教育家、哲学家、军事家。他是明朝唯一的一位文能吐纳乾坤、武能安邦定国的盖世豪雄。官至南京兵部尚书，封新建伯，谥文成。他不仅生前威振四方，名满天下，而且其声名也远播至今。王阳明为人耿介，好仗义执言，为此，他得罪奸人，多遭流放，一生漂泊，没过上几天安稳日子。晚年时，其学说也受到压制，曾被视为伪学。他曾奉朝廷命镇压过暴乱，但他也曾主动带兵平息了震动朝野的宁王朱宸濠的叛乱，维护了国家安定团结的局面。

　　王阳明是个传奇式人物，多方面的学识、多方面的体验，使他具有多方面的才能，也使他对道德理性与知识良性结合，以道德带动知识的功夫路径，有了坚定的信念。朱熹毕生从事学术研究，他的短时间的仕宦生活，也没有王阳明那样惊心动魄。朱熹的学术方式是学者式的。王阳明一生做官与讲学并重,他一生经历极险而学问极平实。同朱熹典型的学者生活相比,王阳明的学术极富平民性。王阳明一生的经历,就是他内圣外王人格的注脚。王阳明通过自己的示范,把理学的修习,从学者到平民,大大推进了一步。

王阳明是我国古代心学之集大成者,他和孔子(儒学创始人)、孟子(儒学集大成者)、朱熹(理学集大成者)并称为"孔、孟、朱、王"。王阳明是孔夫子之后的又一个圣人。孔子和王阳明成为圣人,很关键的原因是,他俩都是变革时代的产物,适应了时代的发展。孔子在文明的初级阶段顶天立地,王阳明在传统社会向近代社会转型时期特立独行。他俩一前一后,都出现在人类重大转型的时候,都对时代特别敏感。

王阳明所处的时代,正是明代强制推行"非朱氏之言不尊"、保守的"述朱时期",即程、朱理学一统天下的时代。朱熹主张以客观的天理来主宰人心,王阳明的主张是由"吾心"来主宰世界,使人的心从驯服被动的地位转向独立和自我用功的主宰地位。

王阳明把人人皆具有的本心称为良知,但此良知不是心理学上的认知之知,而是先天的道德意识。因为认知之知有具体的认知对象,是在接触对象之后才产生的知识,科学知识就是认知之知;而良知之知,则无具体的对象,它是先天本有知善知恶之知,不是接触外在对象而产生的知识。这种"知",主要表现在道德活动中的良心呈现。如《孟子》中记载,一小儿不小心跌落井中,见者无不心生恻隐,示以同情。旁人见之自然而然地产生的同情心，按王阳明的说法，这就是人的本性表现。良知是人本心的表现，通过良知他直接知道是为是、非为非。就本性而言，人人都是圣人。王阳明认为："良知之在人心，无间于圣愚，天下古今之所同也。"

"天地虽大，但有一念向善，心存良知，虽凡夫俗子，皆可为圣贤！"这是王阳明极为著名的观点，具有非常强的号召力和感染力。阳明的"良知"说，构建了一个从自我的本心出发、从属于自己的意义世界，其中的主体性，提倡人的自主的、自律的、自我反思、自我引导的生活，有助于抵制自我的迷失、主体的被埋没，而将本属于人的意义与尊严，重新归还给人。心学对"良知"等人的自我意识主宰作用的强调，从某种意义上也就是重视人的价值、重视人类自身在社会发展中的作用，这是对古代人本思想的继承和发展。

王阳明说："致者，至也。""至"有极点之义，又有向极点运动之义，因而"致"字有追求、扩充、实施的意义，是一个"为善去恶"，"正其不正以归于正"的过程，经过这一过程而达到顶点，使"良知"扩充至其全体。然而，在社会实际中，许多人失却后天"致"这一功夫过程，被私欲障蔽了良知，湮灭了先天具有的良知，走上了与圣人相悖的道路，以致达不到圣人的标准，有的人自甘堕落，成为不善之人。王阳明针对社会上"良知"被私欲蒙蔽的实际，大力提倡"致"的功夫，通过"致良知"，要求人们去掉昏蔽的私欲，去发现本心的虚灵明觉的本体，改恶向善，去伪存真，去暗就明，去愚为圣，达到真诚恻怛，从而渐渐进入圣贤之境界。

王阳明又针对当时人们只知空谈理论而不去实行、只讲经验而不愿有理论指导的弊病，提出了"知行合一"之说。正是由于此说，他才得以与朱熹等人彻底"划清界限"，与陆九渊一道，负手傲立于另一个顶峰。

"知行合一"的目的，在使知行本体（良知）贯彻于生活行事中，以成就生活的意义和人生的价值。也可以说，知行功夫的关键，只在"致良知"的"致"字上。王阳明"知行合一"的观点，在今天仍有其借鉴意义。有位领导干部曾在一次干部会上说："学习的目的全在于运用。明代心学大师王阳明说：'知是行的主意，行是知的功夫；知是行之始，行是知之成。'他积极倡导并践行'知行合一'，平定宁王叛乱，创立心学，文韬武略，功炳千秋，曾国藩一生极为推崇并处处模仿他。古代士大夫尚有此见识，我们以实事求是为最鲜明特点的共产党人更应坚持学以致用、学用相长。"

王阳明在军事上具备雄才大略，为人胸怀宽阔，如光风霁月，没有丝毫的理学学究气，其个人气质近于古人所说的豪雄。王阳明作为文人却任兵部尚书，一生领兵打仗三次。正德年间，江西南部、福建西部、广东北部、湖南东部"方圆千里皆乱"，巡抚文森托疾避去。当时的兵部尚书王琼推荐王阳明巡抚南赣汀漳。正德十一年至十三年，两年多时间，当地暴乱全部平息，这是第一次。正德十四年，王阳明奉旨处理福建兵变，途中得知南昌宁王朱宸濠谋反，他当机立断，组织地方武装，短短时间就活捉了宁王，平息了叛乱，这是第二次。第三次是嘉靖六年，奉旨平息了广西思恩、田州、断藤峡和八寨的僮、瑶族民众,因不满改土归流、民族歧视而发生的动乱,以"不折一矢,不戮一卒"的招抚策略,两个月解决了思、田之乱,继而以思、田州归顺士卒,乘断藤峡、八寨不备,以最小的代价平息了动乱。从这三次平乱中,可以看出,王阳明是以"心学"中的和谐观念来处理世事的,他认为人心都是向善的多,关键在于执政者"调理"得法,方使国泰民安。

王阳明 57 岁而卒,在这不长的人生历程中,他以坚强的意志与病魔做斗争,以旷达的心态来对待官场中的排挤打击。他曾遭贬入狱,长年生活在边荒境域,在险恶的境遇中创立了"阳明学说",成为中国哲学史上的一个高峰和近代启蒙思潮的先导;他边治政,边治军,边讲学,在实践中培养了大批学生;他以超越常人的精神,以高尚的情操、卓异的品格、非凡的勋业、精湛的学说,达到了"立德、立功、立言"三不朽的极高境界。身为儒者,他穿梭于儒释道之间,参透圣人之道,形成自己的心学,而立言;身为智者,他"达则兼济天下,穷则独善其身",敢于直言进谏,又甘于忍受诽谤或毁誉,而立德;身为勇者,他为官为帅,既平定反叛之乱和篡逆之举,又安抚黎民百姓,而立功,从而成为思想大师。

优秀的传统文化可以穿越时空,照耀古今。

阳明心学在中国传统文化史上的价值,首先,是在中国传统认知方式上的价值。他的"致良知"的方法,强调内溯本心体悟而达到的认知结果,其长处在于把认知对象通过抽象思维而上升到理论层面,弥补了程朱理学认知方法的局限,成为明清之际影响很大的学术思潮和社会思潮。其次,它突显了明清浙东学派发展史上的价值。在浙东学派谱系中,阳明心学占有重要地位,并对后人产生重要影响。

王阳明的实践精神和成就事功的价值观,是清代学术及浙东学派"经世济用"的本源。王阳明学说思想的精神气质和特征有下列几方面:

第一,求实精神。知与行的关系,涉及知识的来源、求知与践行、思想与行为、人性与道德等诸多问题,二者孰先孰后,历来纠缠不清。程颐主张"知而后行"。朱熹则提出"知先于行",认为只有明白义理,才能实践。陆九渊虽主张"心即理",但也主张"知"先于"行"。直到王阳明提出知行合一,主张"知是行的主意,行是知的功夫。知是行之始,行是知之成",认为人的行为受意识的支配,而行为本身则是使心中的打算得以实现。产生某种念头,仅仅是行为的开始,而把它贯彻到行为之中,认真完成,才算完成这一过程。在这一过程中,"知"在"行"中不断增长,"行"则在"知"的指导下进行。阳明曾说:"食味之美恶,必待入口后知,岂有不待入口而已知食味之美恶者邪?""路歧之险夷,必待身亲履历而后知,岂有不待身亲履历而已先知路之险夷者邪?"由此可见,王阳明的"知行合一"是极重视实践精神的,是讲求一种"理论与实践"的统一的。王阳明提出"知行合一",落脚点在"致良知",针对的则是当时言行不一、口是心非的空泛之风,给社会带来一股新鲜空气,对后世影响极大。

第二，批判精神。主张实事求是，必然要批判一切虚妄迷信，批判各种错误思想主张和不合理的制度文物。王阳明对程朱理学教条的批判，不仅对当时，而且对后世的学术复兴和思想解放运动，都起着震聋发聩、开风气之先的作用。明初规定以朱熹的《四书集注》为基础的《四书大全》、《五经大全》、《性理大全》作为科举考试的范本，程朱理学一统天下，学者非孔孟之书不读，非程朱之学不讲，形成了"此亦一述朱，彼亦一述朱"的封闭局面。王阳明的学说，首先揭示出几百年来，几乎被遗忘的宋代陆九渊心学，上承孟子本旨，创"良知"学说，起而与官方哲学抗衡，如巨石投水，晴空霹雳。它冲击了程朱理学，震撼了思想界。王阳明还提出了"六经皆史"的观点，这是对历来认为六经是神圣和权威的经典著作这一不可动摇的信条的超越。他反对盲目信仰六经，提倡以六经去觉悟和发现内在的道德本性，否定经典神圣不可侵犯，恢复了历史文献的主体地位及历史价值。他还批判了对经典著作的僵化理解，提出了以吾心之"是非"去解释经典。

第三，兼容精神。批判并不是否定一切，而是扬弃，是取其精华，剔其糟粕。王阳明虽然是孜孜以求"超凡入圣"的标准儒家，却大量吸取了佛教、道家的思想养料，以建立和完善其心学理论体系。佛、道两家之学当时被认为是消极避世之学，而儒学是积极用世之学。王阳明已认识到儒者与天地万物同体，儒、佛、老、庄皆吾之用，是之谓大道；佛、道二氏自私其身，是之谓小道。要求人们认真、自觉、自信地行自己的事，服务于人类。这种兼容博采的精神,正是一个开放型学者应当具备的风格和胸襟。

第四,创新精神。富有创造性的学者,往往在自己著作体裁上独创一格,另辟蹊径,或在思想体系上自成一家。阳明心学所体现的主体意识和道德理想,成了日本明治维新的重要精神动力。章太炎曾说过:"日本维新,亦由王学为其先导。"阳明的这种创新精神,是永远值得后人学习的。当今有位学者认为,王阳明提出的"致良知",其实揭示了为人之道的根本准则,即讲诚信,这就是现代社会值得大力提倡的传统文化中的精神,也体现了较强的创新精神。

近世史家一般都用名域来称呼学派,如阳明学即被黄宗羲称为"姚江学",其学派亦被称为"姚江学案",这一称呼一直延续到清末。与此同时,清代还有"王学"的称呼,明治时代的日本,亦使用这一称呼。而"阳明学"一词,则起源于日本的明治时期,后逐渐为中、韩等国所接受。

王阳明作为一代心学宗师,他思想学说的主体性转向,虽不能挽狂澜于既倒,但也不无历史价值,它有如一股清风,使"群寐咸醒",衍化出波澜壮阔的中国早期启蒙思潮。

王阳明的"亲民"思想,在当代仍有重要的启示意义。王阳明主张"政在亲民",他在《亲民堂记》中说:明德、亲民"一也","明明德必在于亲民,而亲民乃所以明其明德也"。他把"纪纲政事"的设立,"礼乐教化"的实施,都有赖于执政者的不昧良知,及推己及人、"成己成物"的仁心。他提出:"人者,天地之心也;民者,对己之称也;曰民焉,则三才之道举矣。"王阳明的亲民思想以及政治实践对于当代中国建立民主仁政、推行德治、反腐倡廉、建设生态文明和开展官德民风教育,提供了历史借鉴,很有现实意义。

在当今时代王阳明思想特别珍贵,因为他强调心的力量,突出了良知,明是非,懂善恶,强调自我作主,自我主导,强调心的至高性、优先性、主导性,来抗拒外在的诱惑、压力等。王阳明应该成为我们敬仰、学习的榜样。

王阳明积极诣求学为圣贤的精神,勇于面对困难的勇气,经世致用的才华,传播思想的睿智,都深深地感染了我们。

目　录

第一章　生平简介

王守仁(1472—1529),字伯安,浙江余姚人。因在故乡阳明洞聚徒讲学,自号"阳明子",因而当时及后世学者都称他为阳明先生。在王阳明诸多名衔里,比如哲学家、军事家、教育家、文学家、书法家等等,最著名的应是作为哲学家的心学大师这一身份。王阳明心学的主旨是实践道德说,所以这里介绍他的理论体系之前,先简述其生平即道德实践历程。根据阳明的经历和学说,将他的一生划分为三个时期。

(一)第一时期:(1472—1509年)

第一时期,是他憧憬圣学和痛苦经验的时期,其中龙场悟道是他一生中的一个关键。

王阳明出身于书香门第,宦官世家。他的父亲王华于明宪宗成化十七年(1481)中了状元,家境大有好转。不久,因阳明得罪权臣刘瑾,他被迫致仕,抑郁而终。祖父王伦没有做官,人称竹轩公,是一个有著作行世的隐士。曾在家乡以教书为生,精通《左传》《史记》一类的经典。性格旷达,喜欢吟诗,其学问和品行都给阳明以重要影响。这样的家庭传统,对于阳明刻苦自励、锐意进取、独立不羁、敢于貌视权威之精神的形成,具有相当的影响。阳明的为学经历,跟大多数道学家一样,最初"泛滥辞章",其后"出入佛、老",最终"归本孔孟"。

少年立志

阳明少年时才华出众,据《年谱》记载,他 5 岁时,听祖父朗读诗书,即能默记在心,跟着背诵,众人惊讶。11 岁时,因父亲在京城做官,他跟随祖父去北京,途经镇江金山寺。在一次酒宴上,祖父与友人一起赋诗为乐,他却在一旁抢先赋诗一首:

> 金山一点大如拳,打破维扬水底天。
>
> 醉倚妙高台上月,玉箫吹彻洞龙眠。

众客大为惊异,又出题叫他咏蔽月山房。阳明稍假思索,朗声应道:

> 山近月远觉月小,便道此山大于月。
>
> 若人有眼大如天,便见山小月更阔。

其诗以人的感觉来描写山、月的大小,很有一些思辨味道。

　　开始上私塾时，王阳明竟立下志向，即读书成圣贤，他常常对书静坐凝思。有一天问塾师："世上什么是第一等重要的事？"老师不假思索地回答："自然是读书登第了。"他却不以为然，怀疑地说："登第恐怕未必是第一等事，或许应该是读书成圣贤吧。"父亲是状元，状元是千万学子梦寐以求的理想，阳明小小的心灵里，竟未觉得了不起，而认为只有通过读书成为圣贤，完成自己的品德与人格，才是天地间第一等的事，才算是天地间第一等的人。这种强烈地希望成为"圣贤"的理想，此后主宰了阳明的一生。

　　少年时期的王阳明曾从多方面锻炼和培养自己，他学习的技艺首先是骑射和兵法。成化二十二年（1486），他曾跟随在京做官的父亲出游居庸关，考察边关要塞，纵览山月地形，学习骑马射箭。阳明所处的时代，各地少数民族与汉族的冲突不断发生，南方的黔、贵、粤、闽、赣等地，时有动乱出现；北方蒙古族的瓦剌部落不断南侵，对中原造成极大危害。阳明受时势的影响，加以父亲任职于兵部，因而也喜欢谈兵，"每遇兵宴，常取果核列阵势为戏"。兵书以外，阳明又博涉孔孟经书、程朱理学、佛道等书，用以扩充自己的知识。这一时期的阳明，志向远大，兴趣广泛，生命中蓬勃着强烈的求知欲，精神上表现得十分执着和狂放。在他心目中有着自己的"圣人"标准，这就是他学成之后谈到"圣人气象"时所说的："先认圣人气象，昔人尝有是言矣，然亦欠有头脑。圣人气象自是圣人的，我从何处识认？若不就自己良知上真切体认，如以无星之称而权轻重，未开之镜而照妍媸……圣人气象何由认得？自己良知原与圣人一般，若体认得自己良知明白，即圣人气象不在圣人而在我矣。"（《传习录》）（译文：先认识圣人气象，过去有人这样说过，然而也是欠缺要领，圣人的气象自然是圣人的，我们从何处能够体认到呢？如果不在自己良知上真切体认，就像是用没有准星的秤去称轻重，用没有打磨过的铜镜去照美丑……圣人的气象从何处去体认得到呢？自身的良知原本就同圣人是一样，如果把自己的良知体认清楚了，那么圣人的气象不在圣人身上而在我们自己身上了。）

在谈到"立志"时，他认为要每个人就自己的个性、气质来成就个人。圣人不是千篇一律的偶像，也不是从册子上考证、形迹上比拟而得来的。圣人，在王阳明这里已经部分地失去了神秘色彩；他要寻找的，是适合自己的"成圣"之路。应该说，王阳明自少年开始形成的这种圣贤观念，对他以后创立"致良知"学说，是有着某种决定作用的。

究心佛、老

对于凡能接触到的学问，王阳明都有浓厚的兴趣，有时竟至痴迷的程度。17岁时，赴江西南昌迎娶新妇，洞房那天，漫步走进当地一座道观，看到一位道士在打坐，激起他好奇之心，王阳明便问道士关于养生之道，并随着静坐练习，以至忘却了回家，彻夜未归，直至第二天早晨才被人寻回。

阳明到江西成亲后回余姚路过广信，谒见理学家娄谅（1422—1491，江西广信上饶人）。娄氏向王讲了"圣人必可学而至"的道理。他从娄先生那里得到的,大体是朱熹的"格物之学"。从此,他便循着这条路径走下去。

"格物致知"是《大学》一书所提出的儒者求学八个阶段中最初始的两个阶段,是儒家学派为实现自己"修身、齐家、治国、平天下"的政治思想而提出的阶段性行为目标。到了南宋,朱熹将"格物致知"提高到了特别崇高的位置。

"格物"是达到事物的极致,穷尽事物的本然之理。认知是一个由表及里、由浅入深的过程。穷理就是探究社会普遍永恒的道德法则。"致知"就是把自己已知的加以推广,以此物推及彼物,从有穷推及无穷。

21岁,阳明成为举人后,就在京师研读朱熹的理论著作。为了体会朱熹的"格物致知"的学说,与友人坐在父亲官署内的竹林前苦思,要"格"竹子的理。"格"就是思考。两人坚持不懈,结果友人三日后病倒了,阳明坚持到第七天,也因劳思过度而致疾。于是,两人都感叹圣贤确实难以做到,没有那么大的力量,去悟彻天下万物的道理,对朱熹的"格物穷理"之说,便开始了怀疑和动摇。他"乃随世就辞章之学",即用心于诗文辞章的创作。在京师与诗坛领袖李梦阳、何景明等人诗酒唱和,"以才名相驰骋"。

回到故乡余姚,阳明就与同乡爱好诗文者组织诗社。但是,诗文的成就并不能满足阳明的志向,"辞章艺能,不足以通至道",他内心渴求的,仍是"希圣希贤"之学,但又未能找到入手的途径,深感朱熹所说的"物理"与自己的意识难以沟通,苦思既久,抑郁成病。当他听到道士谈养生之道,便一度产生了入山隐居的念头。弘治十四年(1501),他到安徽审理案件,顺路游览九华山,跑到了山中的无相寺、化成寺,专程寻访道家。他听说蔡蓬头善谈仙,就前去见他,向他请教。

是什么情结使阳明好仙佛?幼年时,他有一个爱好作诗的祖父,并与祖父的诗友往返,耳濡目染。诗的意境、诗人超然物外的情趣,使他对神秘的东西发生了强烈的探究欲望。青年时,阳明又有着理想主义气质和出世倾向。但他生长在世代为官的家庭,从小受着科举入仕、经世济民的功业理想的熏陶,有强烈的入世愿望。因此,有与无、出世与入世、好仙佛与做圣人的这些矛盾,在龙场悟道之前是一直搅扰着阳明的最大难题。

此后5年中,阳明的主要活动为:29岁时任刑部云南清吏司主事,曾奉命到江北审问因犯,对冤案多所平反。公事完毕后,游安徽九华山,作赋言志。弘治十五年(1502),王阳明积劳成疾,肺病发作,上疏请假回乡养病。此间大约有一两年时间,他筑事四明山阳明洞,静坐。在静坐中体验道家极清静的境界。同时,他在游历山水中找到了一种超然物外的感受,有诗为证:

> 人间酷暑避不得,清风都在深山中。
> 池边一坐即三日,忽见岩头碧树红。
>
> 世外烟霞亦许时,至今风致后人思。
> 却怀刘项当年事,不及山中一著棋。

灵峭九万丈，参差生晓寒。

仙人招我去，挥手青云端。

应该说，王阳明从佛、道中得到的感受对他日后成就心学，是必不可少的基础。他31岁这一年，在悟朱熹的"格物"说，从中发现了自身与本体的不合（心、理为二），而后从佛、道中找到了与自己心中感受的契合点，出入佛、道使王阳明体会到"自得"的起点。但是，经历了这样的感受之后，他也觉悟到，佛、道虽好，其最终目标却是要人斩断亲情、舍弃妻儿老小、遗世入山；再者，佛、道出世，也不能使人在社会上有所作为。因此，佛、道与自己憧憬的圣人理想是格格不入的，所以他又重新回到儒家思想上来。

上述这段明代弘治年间的阳明洞修道，是阳明心学思想的萌芽期。

33岁时，王阳明前往山东主持乡试。回任后，改任为兵部主事。

北京定终身

1505年王阳明在京城有了一定的名气，他就正式开门收徒。他的教育同当时的主流教育思想大相径庭，以至于他的多数同事认为他"立异好名"。在京城的学者官员中，只有湛若水（1466—1560）承认王阳明的新儒家思想的重要意义。湛若水当时已经是翰林院庶吉士，他是明代著名的儒家哲学家陈献章（1428—1500）的高足。1506 年,他们两人不仅盟誓订交,并"立约"共同传播这种新儒家思想。阳明与湛若水的结识,是他人生历程中的一个转折点,这大概同他在 17 岁时初遇娄谅一样重要。

阳明传授的"异学",肯定与当时公认的关于读书学习的观点相冲突。阳明教导说:读书的真正意义不只是获得外在的东西,而是从内部改造自己的生活方式。在这个意义上,读书学习是"身心之学"。其核心是如何进行自我修养,让古代圣贤的话深入内心,这基本上是一个创造性的适应过程,而不是一个被动的驯服过程。它包含着一种有意识的努力,通过一系列的内心抉择,使自己合乎圣人的教导。因此,这种学习也叫作"圣学"。更恰当地说,这个意思应该表达为"学做圣贤"。事实上,阳明毫不含糊地告诉他的学生,立志做圣贤是在他门下的首要条件。

以后,湛若水在阳明墓志铭中说,两人约定共守程颢的教导:"仁者浑然与物同体"。此处使用"仁者"一词,标志着一种新的表达方式。的确,阳明与湛若水恪守程颢的教导,不仅意味着他们信奉儒家的基本学说,而且意味着他们特别信奉儒家的心学。由于湛若水的老师陈献章是明朝无可争议的心学发言人,所以他决定追随程颢这一举动,不难被理解为他对陈献章的教导做出的反应。

研究中国哲学的学者们看到,程颢的仁学与朱熹的格物观之间的冲突,是新儒家的一个根本问题。阳明遵守程颢的教导,同时又保持着对朱熹的格物观的长久而痛苦的忠诚。这一事实表明,他的信念中有一种深深的张力。直到 1508 年"大悟",这个问题才得到解决。无疑,阳明与湛若水订交,代表他的精神发展的一个新阶段,并为他的思想取向增添了一个新维度。

龙场悟道

正德元年(1506),武宗即位,王阳明的政治生涯随之风云突变。武宗重用刘瑾等八大宦官,他们骄横跋扈,如狼似虎,假传圣旨,陷害忠良,增设"内行厂",爪牙、鹰犬遍布天下,人人自危。内阁大学士刘健、谢迁等联名上书,恳请武宗亲临朝政,诛杀刘瑾诸人,结果刘健等人反被逮捕下狱,革职查办。随即南京六部官员,由戴铣、李光翰、薄彦微等领衔,21 人再次联名上疏,为刘健等人申冤。武宗又下诏将戴铣等人逮捕法办,廷杖之后削职为民。消息传到京师,朝野震动。王阳明此时在兵部清吏司担任主事,血气方刚,愤激之下,冒死进谏,并对武宗的一意专行、残害忠良提出批评。武宗一见奏章,怒不可遏,当即下诏将王阳明廷杖四十,王几乎丧命。伤愈后,将他发往贵州,贬为龙场驿丞。一路上,刘瑾又派人跟踪,意图加害。王阳明佯作投水自尽,才得以死里逃生。夜宿荒村孤庙,又几乎丧生虎口。

经过一番生死的磨难和选择,王阳明在山中野寺的墙壁题诗一首,诗中道:

险夷原不滞胸中,何异浮云过太空。

夜静海涛三万里,月明飞锡下天风。

(《泛海》,《王阳明全书》卷十九)

前二句的意思是说,人生之险阻平顺,皆不在意;功名富贵,只如掠过太空的一片浮云而已。后二句意思:泛海途中风浪汹涌,却有风平浪静之感;夜空月明,我好像从天外飞临。飞锡:僧人所用手杖。据《释氏要览》:"今僧游行,嘉称飞锡,此因高僧隐峰游五台,出淮西,掷锡杖飞空而往也。"阳明心胸豁达,故此诗气宇不凡,意境超绝,末句借典为喻,尤见潇洒之致。

王阳明辗转奔波,历时半载,在正德三年(1508)春,才来到这荒凉的流放之地——龙场驿。

痛定才能思痛。然而,此时的王阳明,正是心痛时刻,又如何能够平心静气呢?龙场驿位于今贵阳市西北的修文县城区,设驿丞一员,吏一名,仅有马23匹,铺陈23副,万山丛棘之中,人烟罕至,野兽出没,瘴疠流行,一片荒凉。四境皆为夷民所居,言语不通。初到龙场,无所栖居,王阳明自己搭了一个草棚临时居住,但无法遮蔽风雨,后来在驿站东边找到一个石洞,便搬入洞中居住。可是,洞里潮湿异常,这对于身患肺病的王阳明来说,简直度日如年。他自己知道随时都可能倒毙荒野,于是便自己动手做了一副石椁,听天由命。又日夜端居澄默,以求静一(《年谱一》)。久之,渐渐觉得"胸中洒洒",生命在这时又好像有了一番不同寻常的体验。阳明写的《瘗旅文》,记述在龙场时,他亲眼见到一位说自己是从京城来的老年吏目,携带一子一仆到远方赴任路过龙场，仅仅一天多时间，主仆三人相继死去的惨事。王阳明怀着对生命的哀怜，"念其暴骨无主，将二童子持畚锸，往瘗之……"（我顾念他们尸骨暴露在荒郊，无人收敛，就带了两个童仆拿着畚箕和铁锹去埋葬他们……）并对童子说："嘻！吾与尔犹彼也。"（唉！我与你俩的境遇与他们本来就差不多啊。）他与童子"傍山麓为三坎埋之，又以只鸡饭三盂，嗟吁涕夷而告之……"（就靠着山脚下挖了三个坑，把他们埋了。又备了一只鸡、三碗饭，叹息着，流着眼泪，祭告他们说……），王阳明在祭文中写道：

　　呜呼伤哉！系何人？系何人？（唉，可怜啊！你是什么人，什么人啊？）……吾与尔皆中土之产（我与你都出生在中原地区），吾不知尔郡邑，尔乌为乎来为兹山之鬼乎？（我不知你是哪郡哪县的人，你为什么要来到此山做一个野鬼呢？）……闻尔官吏目耳，俸不能五斗，尔率妻子躬耕，可有也，乌为乎五斗而易尔七尺之躯？（听说你只不过是一名吏目，俸禄不满五斗，这一点收入，你带着妻儿，在家亲自耕作也能得到，为什么要为了五斗的收入而换掉你的七尺之躯呢？）……夫冲冒雾露，扳援崖壁，行万峰之顶，饥渴劳顿，筋骨疲惫；而又瘴疠侵其外，忧郁攻其中，其能以无死乎？（冒着风霜雨露，攀登悬崖峭壁，翻越群山顶峰，饥渴劳累，筋骨疲乏，而外又有瘴疠瘟湿之气侵害，内有忧郁攻心，还能不死吗？）

又作赋曰：

> 连峰际天兮，飞鸟不通；游子怀乡兮，莫知西东。莫知西东兮，维天则同。异域殊方兮，环海之中；达观随寓兮，奚必予宫？魂兮魂兮，无悲以恫。（连绵的山峰直插青天啊鸟飞不通，游子怀念家乡啊不辨西东。不辨西东，不辨西东啊顶着同样一个天空，虽说是异方他乡啊却同处环海之中。胸襟开阔到处可以为家啊，何必一定要住在自己家乡的屋中？灵魂啊灵魂，不要悲伤惊恐。）

文章充满了悲愤和感慨，长歌当哭，凄凉萧瑟。其间"系何人？系何人？"一语，令人如闻到摧肝裂肺的恸哭之声。表面看来，作者似乎是在责备死者不宜忧伤，自丧性命，实则对死者充满了同情。

谁人临绝境，心中不冷清？但王阳明不愧为第一流的思想家，他在这种异乎寻常的体验中，以文王、孔子、屈原、太史公等古圣先哲自况，终日面对石床，端居默坐，反复揣摩"圣人处此，更有何道"。如果是圣人处在这样的境况中，会怎么办呢？忽然有一天半夜，睡梦中的他，觉得似乎有人在和他谈话，话音刚落，王阳明惊醒，不禁大呼而起，独在那儿雀跃。随从们也被他惊醒了，还被他吓了一跳。只听得王阳明大声喊道："始知圣人之道，吾性自足！向之求理于事物者误也。"意思是，圣人之道，自在心中，我自有足够的力量，承担成圣的任务。现在，我才知道：过去我从外界求索事物的道理是错误的。这既是对其自"格竹子"以来"求理于事物"之路的一种猛醒,也是对朱子"物理吾心终若判而为二"难题的一种自我解决。吾心即道,心即理。这就是后人称道的"龙场悟道"。

龙场之悟,是王阳明一生数次学术宗旨变化中体验最痛切、对他意义也最大的一次。龙场之悟的直接结果,就是看到了道德理性、道德意志在生死患难中的巨大作用。由于以道德理性的主宰作用为根本,王阳明对于《大学》格物、致知、诚意、正心的解释,便完全不同于传统,特别是不同于朱熹的解释。王阳明的解释是:"身之主宰便是心,心之所发便是意,意之本体便是知,意之所在便是物。"(《传习录》上)这一界定与传统的解释顺序正好相反,传统的顺序是格(格物)、致(致知)、诚(诚意)、正(正心),王阳明的顺序是心(正心)、意(诚意)、知(致知)、物(格物)。这个顺序上的相反,正好说明:王阳明对于朱熹是一次革命,使自己从朱熹的"道问学"转而归于陆九渊的"尊德性"一路。

"大悟"的思想根源,对于阳明来说,禅宗佛学问题、道家问题,甚至作为思想体系的儒学,都是次要的。他的狂喜,并不来自于他突然认识到他是一个真正的儒者,而是来自于他认识到,不论外部局面多么令人绝望,他都应矢志不渝地争取做圣贤,因为圣贤的意义就在自己的本性之中,内心的力量足以使他承担这一任务。对于阳明来说:"如何做圣贤"就是如何通过内心的力量达到自我实现。"圣人之道,吾性自足",似乎是说,圣贤之道存在于每个人的本性之中,做圣贤等于通过自我努力,实现人的真实性。阳明当时主要关心的事情,不再是普通意义上的成就。现在,他的目的不是外在的成就,而是内在的收获。

"龙场之悟"是王阳明一生思想的巨大收获和伟大转折,也对中国哲学产生了重大影响。任何一部中国哲学史,任何一部中国思想史,都因此记载下了王阳明的名字。龙场,也因此被誉为王学的圣地。

阳明从龙场以前到龙场悟道的思想发展情况:

综上所述,阳明早岁举业,溺志辞章;既而从事宋儒循序格物之学,顾物理吾心终判为二,若无所入;因求之老、释,出入久之,恍若有会于心;所觉二氏之说终不可付之日用,于是归本于濂(周敦颐)、洛(二程)的身心之学,尤契于甘泉所谓自得之旨;然终未能释疑于向物求理之说。谪居龙场,再经忧患、澄默之余,始大悟圣门格致之旨,学问大旨自此立矣。

摒弃佛、道

阳明对圣贤之道的追求,是对儒家创造性的认同。可以肯定,在大悟经验之前,阳明努力保持内心的平静,这似乎更像是道家或禅家的做法,但我们千万不要忙于下结论,说它们必定是道家或禅宗佛学的必有成分。因为这一行动本身并不构成充分的根据,说有这一行动的人属于哪种精神派别。由于阳明本人坚持他属于儒家,所以,如果我们没有充分的理由否定他自己的陈述,那么我们只有把他的陈述当作出发点。

阳明在悟朱熹的"格物"说时,从中发现了自身与本体不合

（心、理为二），而后从佛、老中又找不到与自己心中感受的契合点，他才又重新回到儒学中去。最初，阳明"格物"的修养功夫，归于"自得"的心之本体，他把道、佛的明心见性，摒弃了本体的虚无本质，充实进封建伦理的内容，便是他的"自得"。可以说，出入道、佛是王阳明体会到"自得"的起点。可是，经历了这样的感受之后，他却觉悟到，佛、道虽好，其最终的目标，却是要人割断亲情，舍弃妻儿老小，遗世入山；再者，佛、道出世，也不能使人在社会上有所作为。因此，佛、道与自己憧憬的圣人理想是格格不入的，所以他又重新回到儒家思想上来。从王阳明经过反思而与弟子对于佛、道的谈论，也可以说明他这一思想的转变过程。如：

　　萧惠好仙、释。先生警之曰："吾亦自幼笃志二氏，自谓既有所得，谓儒者为不足学。其后居夷三载，见得圣人之学若是其简易广大，始自叹悔，错用了三十年气力。大抵二氏之学，其妙与圣人只有毫厘之间。"（《传习录》上）（译文：萧惠喜好佛教和道教。先生告诫他说："我也自幼深信佛、道两教的学说，自以为颇有收获，觉得儒家学说根本就不值得学习。但在后来，我在贵州的龙场待了三年，发现孔子的学问是如此的简易博大，这个时候才开始感叹，后悔枉花了三十年的功夫和时间。大致上来说，佛、道两家的精妙处与圣人的学说，只有毫厘之差。"）

　　王嘉秀问："佛以出离生死诱人入道，仙以长生久视诱人入道,其心亦不是要人做不好,究其极至,亦是见得圣人上一截(当时一般把孔子的学问分为两部分,即上下两截,上一截谈性与道,下一截谈治国平天下。王阳明不同意这种看法——笔者注),然非入道正路……仙佛到极处,与儒者略同,但有了上一截,遗了下一截,终不似圣人之全……"先生曰:"所论大略亦是。"(《传习录》上)(译文:王嘉秀问:"佛教诱惑人信奉佛教用超脱生死轮回的说法,而道教诱惑人信奉道教则用长生不老的说法,其本意并非诱人去做不好的事。然而归根结底,只是看到了圣人的上一截,然而并不是进入圣道的正路。……道、佛到了最高境界,和儒家大体相同。但是他们只注意到了上一截,而忽略了下一截,终究不像圣道那么全面……"先生说:"你的论说大体上是正确的。")

他在这里指出"二氏之学,其妙与圣人只有毫厘之间",又肯定王嘉秀"仙佛到极处,与儒者略同","究其极至,亦是见得圣人上一截"的说法。他所心仪的,正是佛、老的本体境界。关于佛、老与儒家的根本不同,王阳明指出:

仙家说到虚,圣人岂能虚上加得一毫实?佛氏说到无,圣人岂能无上加得一毫有?但仙家说虚从养生上来,佛氏说无从出离生死苦海上来,却于本体上加却这些子意思在,便不是他虚无的本色了,便于本体有障碍。(《传习录》下)

(译文:道家讲"虚",圣人岂能在"虚"上再添加丝毫的"实"？佛家讲"无",圣人又岂能在"无"上再增添丝毫的"有"？但是,道教说虚,是从养生的方面来说;佛教说"无",又是从脱离生死轮回的苦海上来说的。他们在本体上又着了一些养生或脱离苦海的私意,便就不再是"虚"和"无"的本来面目了。在本体上有了阻碍。)

吾儒养心未尝离却事物,只顺其天则自然就是功夫。释氏却要尽绝事物,把心看作幻相,渐入虚寂去了,与世间若无些子交涉,所以不可治天下。(《传习录》下)(译文:我们儒家提倡养心,从来都没有脱离过具体的事物,只是顺应天理自然,那就是功夫。而佛教却要全部断绝人间事物,把心看作幻象,慢慢地便进入到虚无空寂中去,他们与世间再没有什么联系,因此不能治理天下。)

阳明认为,佛、道与儒家的最大区别,在本体,不在功夫。释氏的本体是空,是为自己出离苦海,结果只成就了一个私,"不可以治理天下";儒家的本体是理,"循理遵理",是治天下之具。

(二)第二时期:(1510—1520 年)

第二时期,即 39 岁到 48 岁,阳明这个时期完全可以叫作"十年试验"。

柳暗花明

38岁时,阳明被朝廷派到贵州书院做主讲,这似乎是对"问题官员戴罪立功"的性质。这一年开始,王阳明涉及"知行合一"学说,由此贵州学风大盛。至今,贵州仍到处可见"阳明洞"、"阳明祠"。这三年在贵州的苦行僧生活,使王阳明超脱了一切障碍。

正德五年(1510)春天,由于刘瑾倒台,王阳明才结束了谪戍生涯,被提升为江西庐陵县知县而离开贵州。从此,阳明在成圣的道路上,可谓是披荆斩棘,步步为营,在立德、立功、立言的"三不朽"道路上扎扎实实地前行着。

在庐陵知县任上七个月,阳明颇得民众口碑。这一年的年底,他被调离了江西,先在南京刑部四川清吏司任主事,第二年正月又调吏部验封司主事,二月份当上了会试考官,十月提拔为文选司员外郎。这一年王阳明40岁,可谓顺风顺水,春风得意,而好事还在后头。

正德七年(1512)二月份,他又升官了,任考功司郎中。十二月,又一次得到提拔,当上了南京大仆寺少卿。不久,又升任为南京鸿胪寺寺卿。

每到一个地方,阳明都没有忘记做学问,而且做得很认真,很深入,很有收获。他结交了许多志同道合的朋友,招收了许许多多的学生。他在贵州、南京、江西、安徽、北京等地到处讲学,还亲自创办了不少书院。渐渐地,他在贵州起步的心学体系,发展得越来越丰富,越来越完善。

如果仅仅是当官做学问,王阳明的名气不会这么大。正德十一年(1516),这一年对他来说有着特别的意义,因为他从此开始了自己继心学宗师之后的战功卓著的儒将生涯。

平息闽、赣"寇乱"

正德十一年(1516),阳明被兵部尚书王琼举荐升任左佥都御史,巡抚南赣、汀州、漳州等处。他奉命入赣,至赣州后,他用一首诗来表达自己此时此刻的心情:

> 将略平生非所长,也提戎马入汀漳。
> 数峰斜日旌旗远,一道春风鼓角扬。
> 莫倚贰师能破塞,极知充国善平羌。
> 疮痍到处曾无补,翻忆钟山旧草堂。

阳明盼望的,是早日回到书院,与门人一起传经论道。时代潮流虽然使他身不由己,担任起平羌的赵充国的角色,让他在兵弋扰攘中削平叛乱,但他的内心何尝一日不在渴望过自己所希冀的那种生活。

从当年正月至次年三月,前后一年零两个月,逐一平息了先后延续数十年的闽、赣等地"寇乱"。正德十三年(1518),阳明又率军前往粤北"征寇",不到两个月,获胜班师。这期间,阳明由一个书生掌握统兵大权,实现了他少年时代建功立业的向往。

对于各地的"寇乱",他剿抚兼施,恩威并用,每平定一处,就奏请在当地设立新县,然后立社学,定乡约,行保甲,修书院,整理盐法,劝谕百姓,对安定地方、巩固中央政权统治,立下汗马功劳。

在赣二年,虽兵务繁忙,仍讲学不辍。门人薛侃、欧阳德、何廷仁、黄宏纲等皆讲聚不散,以修身养德相劝勉。为了安置自远方而来的学人,王阳明在当地建了濂溪书院作讲习切磋之所。一时间,赣州这个偏僻的小地方弦歌不绝,竟有了些许洙泗之上的孔门气象。

平定宁王朱宸濠叛乱

正德十四年(1519)六月,福建发生兵变,朝廷又命令王阳明前往勘查。阳明往福建到丰城时,知县顾佖告诉他震撼性的消息:朱宸濠起兵谋反了!

朱宸濠是明太祖第十七子宁王朱权的曾孙。正德年间(1506—1521),明武宗荒淫无道,国家一片混乱,且武宗无子。于是朱宸濠与都御史李士实、举人刘养正等谋夺帝位,于正德十四年起兵,从南昌出鄱阳湖,直攻安庆(今属安徽),声言要攻取南京。当时任右副都御史的王阳明在赴福建途中,得知宁王反叛的消息,便主动征集湖广、南赣兵30万,直下南昌与朱宸濠军大战于樵舍(南昌市东北)。朱宸濠兵败,被活捉,次年在通州被杀。朱宸濠从起兵到被擒,只有43天时间,阳明就一举平定了这场危及明王朝的大叛乱。

宁王之乱既平,王阳明又生擒朱宸濠,本应赏功。但由于朝廷内部矛盾错综复杂，武宗皇帝昏庸无能，王阳明反因功受过，险些不能自保。阳明的学生冀元亨还被诬陷下狱，死在狱中。面对这多重矛盾，王阳明不能正面冲撞，只能小心谨慎，避实就虚，保护自己。他曾称病躲进西湖净慈寺，又曾野服纶巾潜入九华山。将近两年时间，种种荒唐、倾轧、毁谤、陷害之事，接踵而至，纷纷加到他身上。经过这一次重大的挫折，他把意志和情绪深深地凝聚于内心，因而更加坚信人心自有的"良知"，具有统摄身心和应付变难的决定作用，是使人忘患难、出生死的力量源泉。

孔子说"五十而知天命"，王阳明在 49 岁那年，终于把自己探索多年的亲身体悟归结为三个字：致良知。这完全是一个理论上的巨大发现，王阳明像找到稀世珍宝一样，感到无比的兴奋，因为这是自己经过千死百难的体验而得到"不传之秘"，它使得王阳明心学思想进入一个新的境界。

（三）第三时期：（1521—1529 年）

第三时期，即 50 岁到 57 岁，这是王阳明得道、弘道的极盛时期。

绍兴讲学六年

阳明 50 岁那年，升为南京兵部尚书，封新建伯。据他的高门弟子高德洪记载，这一年"始揭致良知之教"，使他的心学体系更加完善。因此吸引了大批有志青年来投奔,和他一起游学论讲,影响越来越大。

"木秀于林,风必摧之",王阳明在当时不仅遭到奸谗小人的忌恨,那些维护程朱理学官方地位的人,也对他大加排斥。嘉靖元年(1522)二月,阳明父亲王华去世,他"一哭顿绝",大病不起。从此,他索性便蛰居余姚讲学,无意再参与政治。

当时,四方学者,北自京师,南至广东,不远千里来到浙江求学的,有数百人之多。学生们又在绍兴建造了阳明书院。门人南大吉收集阳明论学语录,续刻了《传习录》中卷。"致良知"是阳明心学发展的顶峰,阳明认为,通常人的良知不显露,去除私欲,恢复本性,就是"致良知"的功夫。将良知运用到事事物物,使事事物物都变得合理,也是"致良知"的功夫。阳明晚年对良知的学说坚信不疑,反复譬解,凡有论说,万变不离其宗,都以"致良知"为指归。居越六年,王阳明的讲学活动达到高峰。同时,他对"致良知"学说的运用也逐步达到纯熟的程度。其思想成熟的标志,便是充分相信主观之心的效果,不被外界的毁誉所左右和干扰。王阳明每临讲席,前后左右环坐而听讲者,常不下数百人。送往迎来,月月无虚日。

临危受命,病死于归程

在王阳明被任命为都察院左金都御史巡抚南、赣、汀、漳等处,战果辉煌,可是有一个引人注意的现象,就是他频繁提出辞任。正德十三年(1518)三月,他因病辞任。这不是王阳明第一次提出辞官要求了，在到南赣以前，他已经提出过几次，大多数是身体健康方面的原因。但平定南赣后，特别是在平定宁王叛乱后，他提出辞官之频繁，是前所未见。正德十四年（1519）初，在平定浰头后，王阳明"疾病已缠"，上疏请求辞任，不允。又祖母病急为由，上书时任兵部尚书的王琼，也没答应。同年八月，又提出辞任。接着又在正德十五年（1520）三月与八月以"便道省养"为由提出辞任，均被拒绝。这个时期，为何王阳明频繁提出辞任呢？一是疾病缠身。到南赣后，他的身体的确越来越差，十分希望能得到休息；二是还可能是树大招风、功高遭毁，多少有些预感吧。

王阳明因父去世回乡守制。直到嘉靖六年（1527）五月，由于广西思恩、田州发生叛乱，朝廷才又重新启用王阳明，兼任都察院左都御史，征讨思、田。

阳明沿途咨访，洞悉了动乱发生的原因，涉及土官、流官及民族关系问题。这是由于朝廷对当地善后措置不当，于是上疏朝廷，提议以抚为主。此后，随宜处置，恢复土官，招降卢苏、王受等人，不折一兵一卒，即平息了叛乱。他还顺势平定了八寨、断藤峡诸寨的骚乱。由于常年征战，王阳明身体状况已极差，肺病复发，又得了痢疾，兼之军务操劳过度，他数次提出辞任又未获允。或许这样使他心灰意冷，他就推荐一人接替自己的职位，便竟然不等皇帝旨意就动身回乡了。

在乘船东归途中，王阳明过梧州时，听船夫说前边就是乌蛮滩，即伏波庙前滩。王阳明虽然重病在身，但听到马援将军的名讳,马上就精神起来。

马援(伏波将军,公元前 14 年—公元 49 年),东汉名将,为汉武帝打败了中国西羌族部落的入侵军队,再次征服了越南北部;他放弃京城舒适生活的勇气,主动请缨到边疆杀敌的气概和运筹帷幄、决胜万里的方略,使他青史留名,成为学者型将军的典范。

阳明对这位汉朝将军有着强烈的爱慕感。当年出居庸关,15 岁的王阳明在归程中居然梦到了马援。他梦见自己到塑有马援像的伏波将军庙去朝拜。虽然暴风雨给将军庙造成了部分损坏,但六字题文仍然可辨,表明塑像是这位身穿戎装的将军。塑像表现的是将军凯旋、披挂着他在中国南北边疆作战时穿戴的盔甲。阳明在诗中暗示,马援庙的马援像鬓发如霜,也许是由于他在转战南北的年月里苦思兵法所致。诗道:

> 卷甲归来马伏波,早年兵法鬓毛皤。
> 云埋铜柱雷轰折,六字题文尚不磨。

此时,阳明不顾自己卧床多日的病体,坚持要到庙里去祭拜。他触景赋诗,写下了他的预感:"四十年前梦里诗,此行天定岂人为!"这是他逝世前一个月写的。对阳明来说,马援远远不止是一位将军,马援的牺牲精神和责任感,如同他的军事战略上的才能一样,使阳明深受感染、铭刻在心。

阳明此行,是抱病出征,登山涉水,冒暑奔劳,肺病加剧,终于在嘉靖七年十一月二十九日卒于江西南安（今大余县），年仅57岁。临终时，弟子周积泪如雨下，询问遗言，阳明缓缓而道："此心光明，亦复何言！"瞑目而逝。次年正月，遗体安葬在山阴兰亭山。会葬之日，门人至者一千多人，麻衣衰履，扶柩而哭。

阳明龙场以后，学问和教法的发展情况及其社会影响：

贵阳时首举"知行合一"之说，自北京吏曹之后皆发诚意格物之教；南都后，更教学者致"存天理去人欲"实功，虽中间前后或皆发以静坐补学者小学功夫，终未尝离"克治省察"大旨。经宁藩之变，乃有"致良知"之说，以为圣门正法眼藏。居越以后，其教益圆矣，天泉征道，虽未免急于指点向上一机，致出语不能无小偏处，然心体性体、本体功夫、有无动静、本末内外、打并合一，其为圣学，岂可疑乎？

门人、弟子弘扬师德、师说

王阳明死后，一班小人作怪，其学问被朝廷宣布为伪学，遭到严禁。但是有正义感的学者及王阳明的弟子，他们或相期集会，讲论师说；或于各地建祠堂书院，颂扬师德；或刻阳明文录，传播师言。"其中比较重要的有：嘉靖九年五月，门人薛侃在天真山建精舍，祀阳明。十一年正月，门人方献夫会同门四十余人于京师，聚于庆寿山房讲论师说。十二年癸巳，门人欧阳德，合门人于南畿，讲论师说。十三年正月，门人邹守益在安福建复古书院。三月，门人李隧在衢麓建讲舍。五月，巡案贵州监察御史王杏在贵阳建王公祠。十四年乙未,钱德洪等人在姑苏刻阳明文录。十五年丙申,巡察浙江监案御史张景、提学金事徐阶重修天真精舍。十六年十月,门人周汝员在越建新建伯祠。十一月,金事沈谧在文湖建书院。十七年戊戌,巡案浙江监察御史傅凤翔在龙山建阳明祠。十八年己亥,江西提学副使徐阶在洪都建仰止祠,吉安士民在庐陵建报功祠。……王阳明门人和朋友、信奉者这些活动,早已打破了朝廷的学禁,极大地扩大了阳明思想的影响。"(张祥浩:《王守仁评传》)道义自在人心,即使是朝廷的权力,也遏制不住民心所向。

1567年明穆宗诏赠王阳明新建侯,谥文成。

1584年明神宗下诏以王阳明从祀孔庙,阳明心学成为明朝后期官方认可的主流思想。

王阳明一生事功卓著,地位显赫,然而又时时处于艰险和逆境之中。他以自己的一生来实践成圣的道德理想,其学说就是这样一个思想历程的记录和理论提升。

王阳明的著作,由门人辑成《王文成公全集》,现有《王阳明全集》,其中《传习录》及《大学问》集中反映了王阳明哲学论理思想。

第二章　以心为本的实践道德说

王阳明是明代心学的代表人物，也是宋明理学中对后世影响最大的思想家之一。王阳明一生波澜壮阔，极富传奇色彩。他走过的道路，与寻常科举出身的人所走的道路大不相同。阳明在历史上弥足珍贵处在于学术活动，最突出的是创立以"致良知"为核心的"心学"哲学体系。在他的哲学体系中，"心即理"、"知行合一"、"致良知"是三个比较重要的命题。他的学说，与他平生的经历密切相关，也是他豪雄式人格的体现和概括。

（一）阳明实践道德说形成的背景

明朝在弘治、正德、嘉靖年间，正是内忧外患极其严重的时候。西北瓦剌、鞑靼不断侵扰边境，战争连年不断。各地藩王觊觎中央政权，不断发生叛乱。皇帝、宦官、勋臣大建庄田，地主乘机掠夺民田，土地兼并日益激烈，离开了土地的流民多次发生暴动。政治极度昏暗，皇帝荒淫，宦官擅权，党争不断，所有这些，极大地动摇了明朝的统治。

另一方面，明代中期以后，商品经济有了较大发展，市民阶层逐渐生长，功利主义渐渐形成一股强大的思潮，削弱了理学维系人心的作用。程朱理学成了士人应付科举考试的工具。明初以来曹端、薛瑄、吴与弼、胡居仁四位哲学家，虽都是一本程朱，而其实，在他们身上所实践着的程朱学说，与官方倡导的登科仕进的朱学有着很大距离。他们在把朱熹学说向着专门讲心理道德、追求士大夫道德人格的方向发展。这些人或绝意仕进，或洁身自好，其思想却有着共同倾向，即重视"为己"之学（这里的"己"指人的真正自我，为自我的完善和发展），而不把"理"看作高踞于心性之上的抽象本体，因此，他们也就不再致力于宇宙本体的探讨和庞大思想体系的建立，而是努力把儒家成圣成贤的人格修养理论变为个人的道德实践。如明代方孝孺（浙江宁海人）曰："人孰为重？身为重。身孰为大？学为大。天命之全，天爵之贵，备乎心身，不亦重乎？不学则沦为乎物，学则可以守身，可以治民，可以立教。""治人之身，不若治其心。"（《诸儒学案·侯城杂戒》）他推崇的就是以身心自重的实践道德精神。方孝孺不仅主张"以躬行为先"，反对"以圣贤为方之空谈"（《逊志斋集》卷十），并且毅然以身殉道，在燕王举兵"靖难"夺取帝位时，拒绝为朱棣草拟诏书，以表达自己的信念和主张。方孝孺所维护的，是封建社会的纲常名教，在他身上所体现的，却是士大夫的道德践履和人格独立精神。方孝孺的殉难，在当时儒士中所产生的心理效应也是微妙复杂的，它不仅鼓舞着正统的有中国特色精神,同时也使人们独立思考,或独善其身,以保持个人人格;它引导着一种与当时统治者离心的倾向。王阳明描述当时的社会状况说:

圣学既远,霸术之传积渍已深,虽在贤知,皆不免于习染。其所以讲明修饰,以求宣畅光复于世者,仅足以增霸者之藩篱,而圣学之门墙遂不复可睹。于是乎有训诂之学,而传之以为名;有记诵之学,而言之以为博;有词章之学,而侈之以为丽。若是者纷纷籍籍,群起角立以天下,又不知其几家,千径万蹊,莫知所适。世之学者如入百戏之场,欢谑跳踉,骋奇斗巧,献笑争妍者,四面而竞出,前瞻后盼,应接不遑,而耳目眩瞀,精神恍惑,日夜遨游淹息其间,如病狂丧心之人,莫自知其家业之所归。时君世主亦皆昏迷颠倒于其说,而终身从事于无用之虚文,莫自知其所谓。间有觉其空疏谬妄,支离牵滞,而卓然自奋,欲以见诸行事之实者,极其所抵,亦不过为富强功利五霸之事业而止。

圣人之学日远日晦而功利之习愈趋愈下。其间虽尝瞀惑于佛老,而佛老之说卒亦未能有以胜其功利之心。虽又尝折衷于群儒,而群儒之论终亦未能有以破其功利之见。盖至于今,功利之毒沦浃于人之心髓而习以成性也,几千年矣。(《传习录》中)

(译文:圣学已经很久远了,霸术的流传已经积淀很深,即使是贤明睿智的人,都不免被霸术所沾染,他们为求得圣学的发扬光大,对圣学做出的讲解修饰,也仅仅能够增强霸道的力量,而圣学再也寻不到痕迹了。于是解释古书的训诂学,给霸术的虚名传播名誉;记诵圣学的学问,所记言论显示霸术的博学;辞章的学问,语言奢靡华丽为它求得文采。像这样的人纷纷扰扰,竞相争斗,不知有多少。众多的旁门左道,不知何所适从。天下的学者好像进入百戏同演的剧场,嬉戏跳跃,竞技斗巧、争妍献笑之人,都从四面八方涌出,令人前瞻后盼,应接不暇,以致耳聋目眩,精神恍惚,日夜遨游其中,就像是丧心病狂的人,不知自己的家在哪里。那时君王们都在这些学问中神迷颠倒,终生致力于无用的虚文,其实根本不知道说了些什么。间或有意识到这类学问的空洞浅薄、荒谬虚妄、支离破碎,便想发奋自强,想要用实际行动做些事情的人,全身心投入,尽他所能,也只不过是为争取富强功利的霸业罢了。

圣人的学说日渐遥远晦暗,追逐功利的习气却越来越严重。期间虽然曾经有被佛、道两家的学说所迷惑的人,但佛、道的学说最终也没能战胜世人追逐名利的人;虽然有人曾拿群儒的观点来折中,但是群儒的论说最后也无法攻破人们追逐功利的想法。大概到了今天,追逐功利的流毒已经侵入骨髓,积习成性,有数千年之久了。)

王阳明这番对当时社会潮流呈现出士风不竞、道德沦丧的局面的描述,正是他的学说所以兴起的背景,也是他的"拔本塞源论"欲拔之本、欲塞之源。

王阳明早期对朱熹学说的批判，是他心学思想形成的重要起点。他对朱熹学说的批判是从怀疑其"格物"说开始的。

王阳明早年信奉程朱理学。有一天，在家里和一位姓钱的朋友热烈讨论如何彻悟天下万物的道理，做成圣贤。他指着屋前亭子旁边的竹子，叫朋友一起去面对着竹子思索。

他和朋友就从早到晚坐在竹子前面，想悟彻其中的道理。由于身心虚耗过多，到了第三天，朋友就病倒了。王阳明还不死心，自己就继续坐在竹子面前，但是始终悟不出什么道理来。到了第七天，他也病倒了。

于是，两人都感叹圣贤确实难以做到，他们也没有那么大的力量去悟彻天下万物的道理，对朱熹的"格物穷理"之说，开始产生了怀疑和动摇。

王阳明以后对朱学"学术之弊"的批判，是他实践道德论形成的重要根源。阳明认为，由于朱熹主张问学致知而不注重修养，造成了后学在道德修养方面的"知"、"行"脱离："以为必先知了，然后能行。我如今且去讲习讨论做知的功夫，待知得真了，方去做行的功夫。故遂终身不行，亦遂终身不知。"（《传习录》上）他还认为，这种"支离决裂"的"学术之弊"像"洪水猛兽"一样给社会造成严重危害，有"以学术杀天下"的危险。

当时被奉为正统的程朱学说已失去了生命力，并且日益造成思想上的僵化和学术上的空疏，这正是王阳明把批判的矛头指向程朱理学的重要原因。王阳明认为，由于朱熹主张格物穷理、问学致知的修养方法，掩盖了封建社会一些上层人物道德上的虚伪，导致学用脱离、言行不一的"时弊"，这不仅无益于社会，而且助长了日益严重的社会危机。

（二）心学的继承与完善

明代继元朝之后，仍以程朱道学为统治思想，以《四书集注》为科举取士的教材，一种学说一旦被意识形态化，立刻就会失去生命力。当朱学不能满足人民追求真理、圣谛的需求时，就会走向反动。所以到了明代中叶，心学重新兴起，并得到完善。浙东再次成为心学兴起的中心。

王阳明不仅集心学之大成，而且是宋明理学的重要总结者。这里就阳明学与张九成、陆九渊及浙东心学的承继关系做一分析。

从王阳明的求学经历，会发现虽然他生活在浙东，但似乎与浙东学术上并无太大关联。他早年举业，溺志辞章，继而循宋儒格物之学而无所得，遂出入佛老，学不可用，又返归濂（周敦颐）洛（程颢、程颐）之学。后来，谪居龙场，才大悟圣门格致之旨。他曾谓自己之学乃从"百死千难中得来"，从他的上述经历看，的确"自得"的成分是更多些。从师承关系看，他18岁从娄谅，正是娄谅将阳明引向宋儒格物之学。阳明从娄谅问学时间甚短，所以估计娄谅也没有将格物之说讲得太透彻，只是告诉他通过格物之学可以至圣人境，这与王阳明从小立志学做圣人的理想大相契合,于是阳明从此醉心于格物之学,却始终不得其门而入。因此,无论从个人求学经历,还是从师承来看,阳明都没有直接从浙东传统心学或陆九渊心学而直接找到灵感。但是他在龙场所悟到乃至后来不断完善的思想和理论,却又和张九成(1092—1159)、陆九渊(1139—1193)何其相似,可见"古今上下,心同理同"不是虚言了。

世人将陆王并称,通常认为王阳明是接着陆九渊将心学一系发扬光大的。其实综观阳明思想体系,他对朱陆思想均有所批判,不如说是对之前的宋明理学做了一次系统的总结。而从其以知觉言心、工夫本体不相离、性无善恶、戒惧恐惧等思想来看,逻辑上更接近浙东心学的传统,尤其是将张九成心学中模糊不清的问题解释得明明白白。

1. "心即天"与"心即理"

张九成立论的逻辑起点是"心即天",陆王则是"心即理"。阳明龙场悟到的是"圣人之道,吾性自足,向之求理于事物者误也",以之反思程朱道学和佛老之学,就看出了二者的"不足"。他指出,程朱之学弊在"不知吾心即物理",所以孜孜于外以求物理,流于支离;佛老之学弊在"不知物理即吾心",遗弃人伦事物就等于遗弃了心,从而流入空虚。于是阳明以"心即理"作为立论的根本。他的"心即理"与张九成的"心即天"其实具有同等的意义,因为阳明说过:"人者,天地万物之心也;心者,天地万物之主也。心即天,言心则天地万物皆举之矣。"我心之理与宇宙之理其实是一个理,所以"心即理"与"心即天"其实并无二致,不过"心即理"在提法上更加明朗,简洁明快地表达了心学的立场。

2.心之本体

本体指事物本来的样子。张九成认为心之本体"居则为仁,由则为义","觉即是心",心是道德本心、知觉之心。王阳明对心之本体有多方面规定,如"至善是心之本体"、"知是心之本体"、"心之本体即是天理"、"诚是心之本体"(《传习录》上)等等。至善、天理、诚都属道理伦理范畴,心乃道德本心。

3.心即性

心学都以"心"为宇宙之根本,所以在心、性、理的关系上观点是一致的。张九成认为"心即性,性即天"。陆九渊反对析词解字,认为"情、性、心、才都只是一般物事,言偶不同耳"。王阳明则提出"心之本体即是性,性即是理",其意义与张九成一致。

4.天地万物本吾一体

以心为本体,决定了问学之本在"正心"、"求放心"。心易被欲蒙蔽,所以要涵养本心。张九成强调用戒慎恐惧的功夫涵养未发之心。王阳明则"戒慎不睹,恐惧不闻,养得此心纯是天理,便自然见"、"未发之中"(《传习录》上)。仅在心上做功夫,容易流入佛老之虚无,所以要落到实处,即在日常的道德实践中。所谓格物穷理,其实就是凭本心去做事,在日常伦理实践中体会其中之理。张九成讲的"所见不到"故"不能守",王阳明的"知而不行,只是未知",都体现了知行合一的思想,要求知落实到行上。不过阳明发挥得更彻底,他将格物致知解释成"致吾心之良知于事事物物",将知行合一推到"一念发动处,便即是行了"的极端,使心学在知行问题上达到了极致。

张九成通过注解《西铭》表达了"天地与我为一,万物与我并生"的思想。万物之体、万物之性皆我之体、我之性,带着这种情怀,自然会关注民生疾苦、国家安危。张九成任镇东军佥判时于墙上大书"此身苟一日之闲,百姓罹无涯之苦"正是这种情怀的写照。阳明亦明确地表达了这种情怀:"夫人者,天地之心,天地万物本吾一体者也。生民之困苦荼毒,孰非疾痛之切于吾身者也?不知吾身之疾痛,无是非之心者也。"(《答聂文蔚》)"天地万物本吾一体"可以说是一种境界,但也是心学的应有之义。

王阳明认真梳理了心、理、物、知、意等范畴的内涵及其关系,使张九成和陆九渊思想中尚处于模糊不清、模棱两可的观点变得清晰起来,完全实现了心理合一、心外无物、心外无理的心学架构。"心即理"作为心学的根本原则这时才得以完全挺立。阳明重点强调知行合一,尤其把致知与良知说结合起来,提出"致良知",这样,不仅使心学特色更加鲜明,而且完全可以与程朱道学区别开来。

当然,阳明学说远不止这么简单。他不仅集心学之大成,而且是宋明理学的重要总结者。他之所以能建立如此完整的心学体系,原因之一就是,在他之前张九成、陆九渊已经作了充分的理论铺垫,而朱熹博大的思想体系,恰和心学构成既对立又统一的关系,这些都为阳明不断地批判吸收提供了丰富的资源和有利的条件。

明代浙东学术发展到宋濂,发生了转折。宋濂虽被视为朱学传人,但他传的却是张九成心学。他公开宣称陆九渊心学源自张九成,公开主张儒、释、道三教合流,虽然宋濂在心学上没有什么创新,但正是他使浙东心学重现在世人面前,使这尘封已久的学说重见天日。明代中叶,阳明心学的兴起,其实是朱子学的反动。阳明心学的基本观点,与张九成相通,所以说,阳明心学接续了传统的浙东心学,是浙东心学的延续和发展。

(三)阳明心学的理论特点

在宋明理学中,王阳明是与朱熹同等重要的思想家。所谓理学与心学的对立,一定程度上也就是指朱、王两家而言。但王阳明毕竟生活在朱学独尊的时代,其一生的努力,不仅试图在朱学的重压下站起来,而且也在不断尝试对朱学纠偏。因此,阳明心学,在当时社会条件下有促进思想解放的积极作用。

(1)"决与朱子异"。阳明一生所承受的压力,主要来自于"定于一尊"的朱学学者的围攻。这是一种极大的压力,也是他不得不奋起的动力。他在实践中,建立自己的心学思想体系,首先就要批评朱子学,进而也要涉及孔子。

夫道，天下之公道也；学，天下之公学也，非朱子可得而私也，非孔子可得而私也。天下之公也，公言之而已矣。故言之而是，虽异于己，乃益于己也；言之而非，虽同于己，适损于己也。(《传习录》中)(译文：圣道，是天下的公道；圣学，是天下共有的学问，并非朱熹或是孔子能够私自有的。对天下公有的东西，只能秉公而论。如果说对了，虽然与自己的见解不同，对自己也是有益的。说错了，即使与自己的见解相同，也是在害自己。)

"决与朱子异"，在朱学独尊的时代就是冒天下之大不韪，所以他才不得不求助于孟子辟杨墨的精神，也不得不以"病狂丧心之人"自居。正是在这种状况下，才催生了王阳明"求之于心而非也，虽言之出于孔子，不敢以为是也"的精神，并促使其心学一步步地走向成熟，确立了"良知"的主宰地位。

(2)对于阳明心学来说，它的最大特点在于以道德实践的方式，将致良知的任务落实在每个普通百姓心上，落实于一念倏忽之间。他在朱学独尊的时代，以"求真是真非"的精神，将"先尽性以至于穷理"的为学进路贯彻到底，从而将儒家的至善之性通过道德本心，落实于主体的是非知觉之间。但与此同时，它也给每个普通人冲破道德樊篱的勇气。这种"决与朱子异"、不以孔子之是非为是非的精神，既促进了晚明的思想解放的思潮，同时也导致了冲决一切网罗的自然人性论的出现。王阳明心学内在蕴涵的这两种精神，对后来的社会发展产生了重要影响。

（3）阳明心学是宋明心性之学的集大成者，他也是中国古代最大的主体精神的提倡者。

阳明说："不离日用常行内，直造先天未画前。"（《别诸生》）从理论发展的逻辑看，阳明心学不仅达到了实践与思辨的高度统一，而且其本体、功夫与境界的内在一致，也使儒家心性之学，表现出强烈的实践品格与丰富的形上智慧。

阳明"龙场悟道"的内容，就是"心即理"。他所说的"心"，就是他后来反复宣讲的"良知"。这"良知"作为人之为人的道德主体意识，必须与主体的道德实践相结合，才能发挥现实的作用，因而必须强调"知行合一"。"知行合一"不仅要有"行"，还应该达到良知与天理合一的理想境界，这就是"致良知"的深刻内容。从这个角度说，王阳明的心学具有内在的逻辑关联，是一个理论化、系统化的世界观。

阳明之后，后世争议颇大的所谓"王门四句教"，实际上反映了阳明心学内在的分化趋势。其实王阳明通过本体与主体的同一原则而提出的"心即理"时，就已经预示了这种分化的可能；而当他进一步将整个人伦世界全然收摄于主体的道德良知时，也就必然会遗落客观、外在的物质世界。这一问题，是所有的主观唯心论者都在所难免的。从这个角度看，王阳明心学是宋明心性之学的集大成者，他是中国古代提倡主体精神的代表人物。

(四)"心即理"

一般认为,龙场悟道是王阳明心学形成的标志,"心即理"是王阳明哲学的发端,即阳明思想成熟的第一个哲学命题。

在整个宋明哲学中,"心"与"理"之间的关系,是哲学的基本问题之一。

单就"心"与"理"的含义来说,"心"是指人心,"理"是指道德法则或道德原理。这一点,无论是理学家还是心学家,没有明显不同,他们的争论发生在"心"与"理"之间的关系上。

首先是道德原理的根源来自何处。理学家认为,道德原理根源于宇宙普遍法则本身;心学家则认为,道德原理来自人的内心。

王阳明把宇宙万物的规律完全归于吾心判断的范畴,这是为了说明进行道德修养,只需在人主观的"心"中下功夫就够了。他说:

> 且如事父,不成去父上求个孝的理;事君,不成去君上求个忠的理;交友、治民,不成去友上、民上求个信与仁的理。都只在此心,心即理也。此心无私欲之蔽,即是天理,不须外面添一分。以此纯乎天理之心,发之事父便是孝,发之事君便是忠,发之交友治民便是信与仁。只在此心去人欲、存天理上用功便是。(《传习录上》)(译文:且如侍奉父

亲,不能从你父亲身上找个孝的理;辅助君王,不能从君王身上找个忠的理;结交朋友,治理百姓,也不能从朋友或百姓身上探寻信和仁的道理。这些孝、忠、信、仁的道理,都只存在于人的心中,所以说心就是理。当人心还没有被个人私欲所蒙蔽,那不需要从外面添加一丝一毫,人的内心就是天理。凭着这种合乎天理的心,用心侍奉父亲便是孝,用心辅佐君王便是忠,用心交友、治民便是信和仁。只要用功去除心中的私欲、存养天理就行了。)

他在这里所讲的"理",主要指君臣、父子关系等封建伦理。在他看来,这些伦理道德不依赖于客观存在的封建社会关系本身,而"只在此心","此心无私欲之蔽,即是天理",只要从"此纯乎天理之心"出发,行动就不会超越这个道德规范,也就可以达到道德修养的目的。

总之,王阳明的心是一种自我意识,既包括认识作用,也包括道德观念,是宇宙万物赖以生存的本原。一切都在心内,无心便无一切,心便是一切。

其次,理学家认为,道德原理虽入于人的内心,心本来包含众理,但理在心中是作为"性"来存在的,"理"通过"心"而表现出来叫作"性",所以最终应当说"性即是理",而不是"心即理";心学家则认为,心作为"良知"本已自足圆满了道德法则,"心即理","心外无理"。

王阳明心学的核心概念是"本心"概念。之所以叫它"本心"，是因为每个人天生就有此心。"本心"即知善知恶之心，它是先天本有，不是后天学习而成。

怎么说人人都有知善知恶的本心呢？《孟子》书中说，一小儿不慎落入井中，见者无不着急，心生恻隐，示以同情。这是见者最初的反应，表明人自然而然地知是知非。按王阳明的说法，这就是人本性的表现，每个人都有这个本性，只是平时它潜伏于心，一旦人们做出直接的反应，它就自然而然地显示出来。《孟子》书中还有一个故事，说齐宣王不愿看见牛被人牵去做贡品时惊恐万状的惨相，就命令手下人用羊取而代之。正好孟子在场，他借机对齐宣王说，大王不忍心看到牛牺牲前的惨状，说明大王有恻隐之心，这种恻隐之心是天生的善良本心，如果大王扩充善良的本心，你就可以成为尧、舜、禹一样的圣德明君。

阳明认为，在意义世界中，心是唯一的本体，物从属于心，理也从属于心。他说：

> 夫物理不外于吾心，外吾心而求物理，则无物理矣。遗物理而求吾心，吾心又何物邪？（《答顾东桥书》）（译文：万物之理并不存在于心外，在心外探求万物之理，就没有万物之理。遗留万物之理而追求存养自己的本心，那么，本心又是什么呢？）

总之，在王阳明看来，心、物、理分而为三、合而为一，实则一回事。这样，他便立足于本体的内在性，建立了"道德形上学"的体系。因此说,"心即理"就是合人性与天理(指道德伦理)为一,以达到"物理"与"吾心"的统一。

最次,王阳明关于道德与知识的关系的观点包含着深刻的思想。道德的增进,在于意志的培养锻炼;知识的提高在于理智能力的进步和经验的积累。两者相较,道德的提高更难,因为它要与人根性中盘踞难去的东西进行搏战。知识才力的大小,并不决定道德水平的高低。这里,王阳明把道德和知识的差异,显豁地揭示出来,意在纠正人们在知识才能上争高下而放弃道德修养的弊病,他说:

> 后世不知作圣之本是纯乎天理,欲专去知识才能上求圣人,以为圣人无所不知,无所不能,我须是将圣人许多知识才能逐一理会始得。故不务去天理上着工夫。徒弊精竭力,从册子上钻研,名物上考索,形迹上比拟。知识愈广而人欲愈滋,才力愈多而天理愈蔽。(《传习录》上)(译文:后世的人只专门在知识、才能上努力学习做圣人,认为圣人是无所不知、无所不能的,自己只需要把圣人的知识、才能一一学会就行了,哪里知道做圣人的根本在于让心合乎天理,他们不从天理上下功夫,而且费尽精力钻研书本、考寻名物、推理形迹。这样,知识越渊博的人,私欲越是滋长;才能越高,天理反而越被遮蔽。)

王阳明创立新说的目的,就是把人们从偏离道德修养的路上拉回来,回到圣人之学。在他看来,"圣人之学,心学也"。这个心学,就是在身心上做功夫,以整个人格素质、精神境界的提高为归宿。阳明创立的"心学"体系中,"心即理"、"知行合一"、"致良知"是三个比较重要的命题。

1."心外无物"

王阳明的本心,从功能上来讲是知善知恶的良知,从它的本性来讲,它是仁,体现着造化生生不息之理。宋代理学家周敦颐喜欢"绿满窗前草不除"。别人问他为什么不除草,他说:"与自己意思一般。"又说:"观天地生物气象。"就是说"天地"宇宙与他自己一样,都是有生命的。在王阳明看来,宇宙大生命就是仁,心的本体也是仁,所以人心的本来是与天地万物为一体的。能体现与天地万物为一体之仁者,就是大人、圣人;否则,为私心杂念蒙蔽了本心的人,就是小人。因此,每个人都要去除心中的私心杂念,恢复人本有的、与天地万物为一体的本心之仁。

本心之仁与天地万物为一体,所以王阳明认为:心外无物,物在我心,心物相契,物我为一。有一天,他和一位朋友到南镇去玩,这位朋友指着山上一棵花树,问他:"你平时说天下没有心外的事物,这棵树我原先没有看见过,一直是自开自落,和我的心有什么关系呢?"

王阳明耐心地解释说:"你未曾看见这棵花树时,此花与汝心同归于寂。当你来看此花时,则此花颜色一时明白起来,由此便知此花不在你的心外。"

王阳明的回答可能没有让他的朋友明白过来,因为理解中国哲学本来是要悟性的,王阳明的心外无物本来是个含义非常丰富的命题,他讲的根本不是事物存在是否依赖我心的问题,而是在讲人的主观境界。

宇宙是一个精神整体,就是说宇宙并非独立自存的,而是与人相互沟通、相互交流的物我合一、主客交融的整体宇宙生命。王阳明所讲的宇宙大生命、宇宙生命本体,是指人从他自身有限的感性生命存在中解放出来而体验到的无限的整体生命。这种主观的整体生命,既不是指自然事物,也并非仅仅指人的生命、人的情感,而是指自然与人的生命、人的情感共鸣和交流的统一体。也就是天人合一、情景合一的统一的整体生命。王阳明在他的语录中说:"仁人之心以天地万物为一体,欣合和畅,原无间隔。"又说:"天地鬼神离却我的灵明,便没有天地鬼神万物了,我的灵明离却天地鬼神万物,亦没有我的灵明,如此便是一气流通的,如何与他间隔得。"这就是说,我们生活的这个世界是人心与天地万物彻底融合,生命也不再是有限的感性生命,而是完全融入宇宙无限的生命整体中。唐代大诗人李白吟道:"天地一浮云,此身乃毫末;忽见无端倪,太虚可包括。"潘佑的《独坐》说:"凝神入混茫,万象成虚宇。"唐代柳宗元也说:"心凝形释,与万化冥合。"这几句诗都说作者自己的感觉与整个宇宙融为一体了。

由此可见,王阳明的心外无物,讲的是人与宇宙万物融为一体的主观境界,而不是讲事物离开我心能否独立存在的问题。

按照王阳明的说法,一棵花树,当你没有关注、欣赏的时候,你就不能产生生命和情感的交流,不能体验到宇宙的大生命;只有当你关注进而欣赏花树的时候,花树本体生命由于人的召唤才得以彰显,人与花树"欣合和畅",产生了生命交流,令人体验到无限的宇宙大生命。所以说,宇宙大生命贯通于天地宇宙,但它要在万物"与人同",在人的"思"(观照、欣赏)中,才能呈现出来。它是人的一种与万物欣畅合一的主观精神境界,并非本身就存在于宇宙万物之中。就是说,宇宙生命之美要靠人去发现,去照亮。唐代柳宗元在一篇文章中说:"夫美不自美,因人而彰。兰亭也,不遭右军,则清潭修竹,芜没于空山矣。"也就如王阳明回答他的朋友时说的:"尔未看此花时,此花与尔心同归于寂。尔来看此花时,则此花颜色一时明白起来,便知此花不在尔心外。"

在心外无物的问题上,还有一段材料是:"天没有我的灵明,谁去仰他高?地没有我的灵明,谁去俯地深?鬼神没有我的灵明,谁去辨他吉凶灾祥?"(《传习录》下)与观花一样,仰高、俯深都是包含审美体验在内的体验性活动,而不是一种纯粹认知的态度。从审美经验的角度来看,作为审美意象的天高、地深,离开了主体就无法构成;没有人的意识,天还谈得上什么崇高和伟大呢?胡塞尔哲学晚期提出的"生活世界",即作为生活主体的个人在其特殊视界中所经验的世界。胡塞尔说:"这个世界对于我,不仅是作为一个事实与事件的世界,而且同时作为一个价值世界、实物世界、实用世界而存在的。""生活世界"是由你的利害关系、兴趣和未来计划组成的,这就是存在主义现象学者要研究的东西。(《理想的冲突》)生活世界包括个人的、社会的、感性的和实际的经验,是每个人直接经验范围内形成的那个世界,是一个具有"主观性"的世界,从这个观点来看王阳明所说"天没有我的灵明,谁去仰它高……天地鬼神万物没有我的灵明,便没有天地鬼神万物了……今看死的人,他的天地万物尚在何处?",这个被赋予了高、深诸性质的世界,显然不是指一个事实的世界,而是一个价值的、审美的、具有意义的世界,"他的天地万物"就是他经验范围内形成的"生活世界",这个世界离开了他的意识,就不成其为他的世界了。王阳明的思想从这个角度来了解,才是可以被理解的。

2."心外无理"

王阳明的本心之知是知非,是自律道德,即道德法则出于天成,不借后天修为。用王阳明本人的话来说,就是"心外无理",道德法则(理)出自天成,不借心外。西方哲学家康德说:有两种东西,我们越是思考,越是产生景仰和敬畏之情,这就是头顶之星空和吾心之道德法则。法则出自人心,则人心成为人的尊严的象征。人如同一棵脆弱的苇草,但因为有了本心,而成为万物之灵。

阳明认为,伦理道德意识是心的本质,是人心活动的主要内容,社会道德是先天存在的,本来就完美的东西。他提出"心外无理"的命题,把"理"说成是"天理"。宋明理学的天理,主要指仁义礼智、三纲五常等道德观念。这些道德观念本来是社会政治制度和家族制度的产物,是以社会的经济关系为依据的。王阳明认为,社会道德观念存在于人心中,是人头脑里本来就有的。例如对君王尽忠,对父母尽孝,实行忠孝的关键不在被忠孝的群亲身上,而在于人的思想,在于人是否真心实意地尽忠孝,所以他说:"忠与孝之理,在君亲身上,在自己身上? 若在自己心上,亦只是穷此心之理矣。"(《传习录》)他又说:"在父母身上求孝之理,孝之理到底在我心中呢,还是在父母身上呢? 假如在父母身上,那么父母不在了,我的心就没有孝之理了吗? 假如在父母身上,那么父母不在了,我的心就没有孝之理了吗?"(《传习录》中)王阳明这样说,是因为他把良知看作一种不待虑而知、不待学而能的"是非之心",人只要发挥了这种天生的判断是非能力,就自然能见父知孝、见兄知悌(敬爱兄长),这样天理就自然会在人的认识和行为中显现出来。

由此可见,王阳明认为人心是道德伦理的源泉。良知"不假外求"(《传习录》上)是心中本来就有的大埋。它清澈如明镜,寂然不动,没有一丝邪恶,是恰如其分的天然的完美。只要使良知明白起来,用良知安排一切,天下的万物就没有不合乎秩序的。王阳明把良知当作根本,用良知统一世界。这种思想把每个人的主体意识都加以尊重,对于提高人的自信心有作用。但是由这种内在自觉而形成的、只重视内心的觉悟而忽视了外在力量的倾向,容易导致人的无所畏惧。觉悟高的人,可以通过理性控制自己,而觉悟低的人,则往往会导致无法无天,为所欲为,甚至把作恶也认作是出于良心。

（五）知行合一

中国古代思想家对于知行关系问题，曾经提出过许多看法，其中也包含知行合一的思想，但明确提出"知行合一"命题的，是王阳明。

王阳明在自己的切身体会中认识到，已经上升为国家意识形态的朱熹哲学的根本毛病就在于"心"与"理"的分离，并且由于心与理的分离而导致了"知"与"行"的分离。"知而不行"、"行而不知"，是产生一系列社会问题的认识论根源之一。

1."知是行之始，行是知之成"

明武宗正德三年（1508），即龙场悟道的次年，王阳明在贵阳书院讲学时，首次提出"知行合一"的说法。知行合一为"致良知"的重要内涵而贯穿其中。知行合一是王阳明以道德带动知识在实践中完成道德修养、收内圣外王之功的重要理论基础。王阳明的经历就是他这一思想的注脚。他的学问事功来自知行合一，他的儒者气象就在知行合一。

知与行的关系涉及知识来源、求知与践行、思想与行为、人生与道德等诸多问题，二者孰先孰后，历来纠缠不清。王阳明的"知行合一"论，是针对朱熹的"知先行后"说提出来的。他认为朱熹在"知行"之辨上的错误，就是"析知行为先后两截"，使许多学者"以为必先知了然后能行"，于是只在"讲习讨论"上做"知的

功夫","待知得了方去做行的功夫",其结果是"终身不行,亦遂
终身不知",不着实际地去克治私欲,体履封建道德。王阳明认
为,"此不是小病痛,其来已非一日矣"。而"今某说个'知行合
一'正是对病的药",是"为此补偏救弊"而发的。

王阳明"知行合一"的基本精神,就是强调"知行功夫本不可
离",把两者视为同一过程,即"知行并进"。他说:

> 知是行的主意,行是知的功夫;知是行之始,行是知之
> 成。若会得时,只说一个知,已自有行在;只说一个行,已自
> 有知在。(《传习录》上)(译文:知是行的宗旨,行是知的实
> 践;知是行的开始,行是知的成果。如果领会了这一点,就
> 应该明白,只说一个知,已经自然有行存在;只说一个行,知
> 也自然存在了,知行一同存在。)

这就明确揭示了知与行之不可分割的一体关系。这是说,
知是行的主导,只有知,"方才行得是",避免"冥行妄作"。而行
是知的着实用功之处,只有"着实躬行","方才知得真",避免"悬
空思索"、"揣摸影响"。同时,一有知便开始了行,而通过行,才
说是有了"真知"。总之,知中含行,行中含知,两者不可分离。
所以说,如果不被私欲隔离,"未有知而不行者",反过来,"知而
不行,只是未知"。例如,"称某人知孝,某人知弟(悌),必是其人
已曾行孝行弟(悌),方可称他知孝知弟(悌)"(《传习录》上)。

王阳明"知行合一"学说的真精神,是"躬行实践,笃志力

行"。他说:"凡学之不勤,必其志之尚未笃也。""力行"则讲"须从本原上用力,渐渐盈科而进"(《传习录》上)。王阳明讲的"笃志力行",讲得真切,足以发人深思。

"知行合一"在王阳明唯心哲学中是不矛盾的,而且是他心学思想的重要组成部分。

王阳明讲知行合一,有时似乎也谈论认识依赖于实际活动,他说:"如言学孝,则必服劳奉养,躬行孝道,然后谓之学,岂徒悬空口耳讲说,而逐可以学孝乎?学射则必张弓挟矢,引满中的;学书则必伸纸执笔,操觚染翰。尽天下之学;无有不行而可以言学者,则学之始固已即是行矣。"(《答顾东桥书》)这是说,学孝必须侍奉父母,学射必须拉弓放箭,学写字必须拿笔在纸上写。离开这些实际活动是不能叫作学孝、学射、学写字的。这些话意在反驳朱熹的知先行后论,这只是强调知行不能分离,强调只有在"行"方面有所表现的才算真正的知。他从知行的不能分离,进而认为知行只是一事的两个方面,只是一个过程,在这个过程中,切实用力的方面叫作行,觉悟理解的方面叫作知,两者是不能分开的。这也就是他所说的:"知之真切笃实处即是行,行之明觉精察处是知;知行功夫本不可离。"(《传习录》上)

2."一念发动处即是行"

王阳明把行为的意向、动机也说成是"行",显然是错误的,却自有他的良苦用心。他说:

今人学问，只因知行分作两件，故有一念发动，虽是不善，然却未曾行，却不去禁止。我今说个知行合一，正要人晓得，一念发动处，便即是行了，发动处有不善，就将这不善的念克倒了，须要彻根彻底，不使那一念不善潜伏在胸中，此是我立言宗旨（《传习录》下）。（译文：如今人们做学问，因为把知与行分而为二，所以虽然有不善的念头萌发，如果还没有不善的行动，便不去禁止。我如今提出"知行合一"的论说，就是要让人们晓得只要有念头萌发了，那就相当于做了。不善的念头萌动了，就把这个不善的念头克制住，必须要彻底地连根拔起，不让它潜留在心里，这就是我立论的主旨。）

这可真是一语道破天机！王阳明提倡"知行合一"的目的，就是要人防"私欲"于未萌之先，灭"私欲"于方萌之际，也就是要"格心""正人心"——"破心中贼"；要人们首先从"一念发动处"起就符合道德原则，从而达到"此心纯乎天理而无人欲之杂"的"圣人"境界。所谓"知行合一"，不仅是对其"圣人之道，吾性自足"的一种实践落实，同时也是其"心即理"命题的具体表现。这些论述，深刻阐释了知与行互相依存、互相推动的辩证关系，这是王阳明哲学思维的一大成就。在现实社会中，不学无知，难以成人；而只说不做，假话骗人，危害更大。知行背离，理论脱离实际，是人类的痼疾之一，知行合一应该是治疗此疾的一剂良药。

在知行关系上，无论是先知后行，还是先行后知，都存在一定的偏差。一旦将知行隔断，就会出现知行脱节，导致很多社会问题。明朝倡导朱熹先知后行的格言，导致很多人满口仁义道德，内心却是男盗女娼，无恶不作。很多官员满口忠君爱国、孝敬父母，背地里却做着卖国求荣、虐待父母的事情。为了解决社会问题，王阳明大胆地提出了"知行合一"的理论，认为"知"和"行"是统一的，反对宋儒程朱派"知在行先"的说法和只"讲之口耳"的学风。他说："知是行之始，行是知之成"；"未有知而不行者；知而不行，只是未知"。认为学者必须"知行并进"，既要反对"懵懵懂懂地任意去做"，也要反对"茫茫荡荡悬空去思索"。但他所谓知，即是致吾心之良知；所谓行，即是致良知于事事物物；知行合一的本体即是良知，把行统一于知。

明朝面临着政治和道德的双重危机，王阳明希望通过自己"知行合一"的全新理论，让官员和百姓做到使自己心中所想和所行之事吻合，达到心口一致。如果人人都能做到，那社会上出现的都是个性奔放、不需伪装的真诚之人。只可惜在当时功利的诱惑下，很多人不得不伪装自己，追求个人的私欲。

总之，王阳明提出知行合一，其基本精神，重点在于"行"，而不是"知"，落脚点在"致良知"，针对的则是当时言行不一、口是心非的空泛之风，它给社会带来了一股新鲜空气，对后世影响极大。

（六）致良知

"致良知"是王阳明一生思想探索的结晶，也是他一生教法的总结。王阳明在征思田的途中，写信告诫儿子说："吾平生讲学，只是'致良知'三字。"凭借着"致良知"的工夫，王阳明心目中"破心中贼"的终极关怀，就有了可行的落脚点。

1519 年，王阳明仅用 35 天时间，便平定了一场蓄谋十年之久的宁王朱宸濠的叛乱。虽然战功卓著，却不仅未封赏，反遭陷害。心情寥落之际，反而激发王阳明更深入地思考人性。在险恶的政治、军事环境中，身处群小汹汹、谗陷日构的氛围，王阳明通权达变，沉着应付，终于出离困境，转危为安。在这种"濒死者十九"的环境中，良知所蕴含的意志、理智、情感诸方面得到了极大锻炼，对人生的真谛、人世的本质有了更加透彻的理解。以前的种种假面、种种牵缠、种种回护，到此一起斩断；所谓真我、良知越加精粹，越加澄沏。阳明曾自述这种改变说：

我在南都以前，尚有些子乡愿的意思在；我今信得这良知真是真非，信手行去，更不着些覆藏。我今才做得个狂者的胸次，使天下之人都说我行不掩言也罢。（《传习录》下）（译文：我在来南京以前，尚有一些当老好人的想法，但是现在，我确切地明白了良知的是非，只管去行动，再不用什么隐藏。现在我才真正终于有了敢作敢为的胸襟，即使天下人都说我言行不符,那也毫无关系了。)

行不掩言,信得良知真是真非是"诚"、"平澜浅濑,无不如意"是明,阳明此时真正达到了明则诚、诚则明、诚明两进的阶段。

王阳明的高度处世智慧和应变能力,绝不是毕其功于一役,在某次事变中忽然得到的,而是从长期锻炼、陶养中得来的。他的良知学说最主要的是意志和理智两个方面。按阳明的理解,朱子学的功夫进路最多只能给人以知识,但不能给人以意志。而在艰苦的环境中(如龙场),在复杂险恶的局面下(如张许之难),意志比智慧更能发生效用,意志在整个人格结构中,是最重要的。他终生提倡一条以道德为首务,以道德带动知识,以人的整体素质提高为归宿的路径。他平时教导弟子更多地注意在道德理性上、在意志上用功,他以自己的切身体会,教人在事变中锻炼意志:

> 变化气质,居常无所见。惟当利害、经变故、遭屈辱,平时愤怒者到此能不愤怒,忧惶失措者到此能不忧惶失措,始是得力处,亦便是用力处。天下事虽万变,吾所以应之,不出乎喜怒哀乐四者,此为学之要,而为政亦在其中矣。(《与王纯甫》)

一年后(1520年),他在南昌提出了"致良知"的重要哲学命题。王阳明认为,良知对于统摄身心和适应灾变具有决定性的作用,是千古圣贤相传的骨血精髓。自己之所以能有此领悟,也是从百死千难中得来的,并非嘴上功夫,需要在实践中用心体认,以此为基点,他明确提出了"存天理,灭人欲"中的"天理",就是"良知","去人欲"就是"致良知",从而标志着其心学发展的新高度。

阳明常要弟子寻得力处,这个得力处就是切实身心体验,不可漫漫口耳讲说。阳明的知行合一、心外无理、致良知诸说,皆是自己亲切体验的产物。他的"致良知"宗旨是他半生军事、政治经验的总结,也是他一生讲学宗旨的概括和提炼。他以高度的融释能力,把《大学》的三纲八目,《中庸》的慎独、诚、性、道、教,《尚书》的惟精惟一等儒家哲学范畴,糅进"致良知"中,使得良知的包容越来越广。他甚至把良知等同于易:

　　良知即是易。其为道也屡迁,变动不居,周流六虚,上下无常,刚柔相易,不可为典要,惟变所适。此知如何捉摸得?见得适时便是圣人。(《传习录》下)(译文:良知就如《易》理。易的法则常常变迁不止,在六个爻位之间流动,或变在上,或变在下,阴变为阳,阳变为阴,没有一定的模式,不可拘泥,只有顺应它的变化,才能恰当应用。这良知怎么可能捉摸得到呢?只要把良知理解透了,就变成圣人了。)

这种涵盖面至大至广的"良知",引起了两个方面的结果:一方面,它表明王阳明的学问臻于化境,有极大的包容能力。他可以用"致良知"三个字解释一切有关的学术问题,"累千百言,不出此三字为转注"。这是阳明学"简易直接"之所在。由于这种简易和变通,使得阳明学说获得了众多的拥护者,迅速在广大地域流传,蔚成当时的显学。

另一方面,这种简易和变通,使后学对良知的理解出现了多方面的分歧,离开了阳明学说的原意。黄宗羲曾说:"致良知一语,发自晚年,未及与学者深究其旨,后来门下各以意见掺和,说玄说妙,几同射覆,非复立言之本意。"(《明儒学案》)黄宗羲这个评断有不确切的地方。阳明良知之旨其义甚明,学术的发展和时代的需要使阳明弟子偏离师旨是真,却绝非"未及与学者深究其旨"。从50岁揭致良知之教到57岁逝世,阳明对致良知做了大量阐说,特别是因父丧而居越期间,阳明的讲学活动达到高潮,致良知是他与弟子反复论述的问题。晚年概括其一生学问宗旨的《大学问》,以致良知贯穿《大学》诸义,"致良知"可以说是发挥得淋漓尽致。

"致良知"是王阳明对自己全部学说的概括,是他理论体系的核心,体现了他的心学体系的本体论、认识论和伦理学说的完善统一。"致"是推及、扩充、恢复和实行的意思。

阳明的"致良知"包括体认和实现两个层面的内容。体认良知指一个人本身的自我修养;实现良知指人的思想和情感见之于行为的过程。"致良知"的目的在于从本然转向明觉,而这样的转向,就需要知与行的互动。不过我们需要注意,良知多缺乏现实性的品格,只有通过真真切切的践履过程,主体对良知才能逐渐获得认同,并进而转化为自觉的理性意识。所以致良知的过程又常常被理解为知和行的统一过程。

"良知"一词来源于孟子的一句话:

> 人之所不学而能者,其良能也;所不虑而知者,其良知也。孩提之童无不知爱其亲者,及其长也,无不知敬其兄也。(《孟子·尽心上》)

良知,是指人的心性;良能,是指心性的功能和作用。认为人具有一种不学不虑便天然具有的道德意识,这种意识最初的表现便是爱亲敬长,之所以称它为"良知",一是因为这种道德意识是善的,二是因为它先天具有的。王阳明继承并发挥了这种理论,揭出"致良知"的学说。

1. "良知"诸义

王阳明的良知观念,涉及宇宙论和人生论、道德论等多方面的广泛内容,在人生论、道德论方面,良知的主要意义有:

(1)知善知恶。王阳明说:"知善知恶是良知",他发挥说:

> 凡意念之发,吾心之良知无有不自知者。其善欤?惟吾心之良知自知之;其不善欤?亦惟吾心之良知自知之。(《大学问》)(译文:凡是有意念产生的时候,我们心中的良

知就没有不知道的。它是善念,唯有我们心中的良知自然
知道;它不是善念,也唯有我们心中的良知自然知道。)

良知就是知善知恶的本能,也是是非之心,即好恶之情。

孟子不仅提出了"良知",而且提出了"四端":即恻隐之心,
仁之端也;羞恶之心,义之端也;辞让之心,礼之端也;是非之心,
智之端也。(《孟子·公孙丑上》)根据阳明"见孺子入井自然知
恻隐,此便是良知"的说法,四端都是良知,这就比孟子更明确地
把良知与四端结合起来了。阳明认为四端在某种程度上可以归
结为"是非之心",从而特别强调良知作为是非之心的意义。因
为道德意识如果是先验的道德原理,其功能无非是提供是非善
恶的准则。因此,阳明以是非之心为主要内容的良知说的提出,
标志着孟子哲学的进一步发展。

(2)是非之心。阳明所说的"良知"无疑就是伦理学的"良
心"范畴,所以他强调的良知,就是是非之心。他说:"孟子之是
非之心,知也,是非之心人皆有之,即所谓良知也。"(《与陆之
静》)又说:"良知只是个是非之心,是非只是个好恶。只好恶就
尽了是非,只是非就尽了万事万变。"(《传习录》下)(译文:良知
仅是辨别是非的心,而是非仅是个好恶。明白了好恶,也就穷尽
了是非;而明白了是非,也就穷尽了万事万物的变化。)还说:"夫
良知者,即所谓'是非之心,人皆有之',不待学而有,不待虑而得
者也。"(《书朱宗谐卷》)由此可见,良知作为先天原则,不仅表现
为"知是知非"或"知善知恶",还表现为"好善恶恶";既是道德理

性原则,又是道德情感原则。良知不仅指示我们何者为是、何者为非,而且使我"好"所是、"恶"所不是,它是道德意识与道德情感的统一。

王阳明说:"是非之心,不虑而知,不学而能,所谓良知也。良知之在人心,无间于圣愚,天下古今之所同也。"(《传习录》中)(译文:是非之心,不用思考就会感知到,不用学习就会具备,它就是所谓的良知。不论是圣人和傻瓜,从古到今,良知都存在于人的心里。)这就告诉我们良知具有先天性、内在性,还有普遍性。人并不需要到外部去寻找善恶是非的准则,这个准则是每个人所固有的,完全相同的。

(3)包含众德。王阳明说:

《大学》所谓厚薄,是良知上自然的条理,不可逾越,此便谓之义;顺这个条理,便谓之礼;知此条理,便谓之智;终始是这个条理,便谓之信。(译文:《大学》里说的厚薄,是良知上自然而有顺序的,不能够逾越,这就称为"义";而顺应了这个秩序,就叫作"礼";懂得这个顺序,就叫作"智";始终保持这个顺序,便叫作"信"。)

万物有厚薄之分,这是良知的条理,不能逾越,这也就是义,由此进而有礼、智、信。良知包含义、礼、智、信,是全面的道德观念。阳明认为,良知始于仁而行于义。"仁"即爱亲敬长,及而后发展成万物一体的境界。在万物一体境界中,如果需要分别对待的话,良知又能做出分别。这种既分别又合于道德原则,即"义"。

(4)造化的精灵。王阳明把天赋的道德情感、知善知恶、好善恶恶的价值判断标准和虚灵明觉之知,把它包含在良知之内。随着实践范围的扩大,良知的作用日益广泛,阳明把良知提升到天地万物的本体与物的绝对高度。他说:

> 良知是造化的精灵。这些精灵,生天生地,成鬼成帝,皆从此出,真是与物无对。人若复得它完完全全,无少亏欠,自不觉手舞足蹈,不知天地间更有何乐可代?(《传习录》下)(译文:良知是造化的精灵。这些精灵,缔造了天地,生出了鬼神,真是无与伦比!如果人能够完完全全地恢复它,没有一点亏欠,自然就会手舞足蹈,天地间找不到什么快乐能够代替它。)

在阳明眼里,具体事物都是相对的,都不能作为天地的本原,而良知是与物无对的绝对,天地、鬼神、万物皆因良知而有,皆是良知的派生物。

在阳明看来,宇宙法则首先是仁,是天地万物一体之心。他把体现这一宇宙法则的理想人物称为大人。大人之心,纯然是良知。他说:"大人者,以天地万物为一体者也。其视天下犹一家,中国犹一人焉。若夫间形骸分尔我者,小人矣。大人之能以天地万物为一体也,非意之也,其心之仁本若是。"(《大学问》)

（译文：所谓"大人"，指的是把天地万物看成一个整体的那类人。他们把普天之下的人看成是一家人，把全体中国人看成一个。如果有人按照形体来区分你和我，这类人就是所谓的"小人"。大人能够把天地万物当作一个整体，并不是他们有意去那么做，而是他们心中的仁德本来就是这样。）

良知是天地万物的精灵，良知是宇宙法则的集中体现。阳明说"人心是天地万物发窍处"，就是人心至灵，好像一个发而出之的孔窍，宇宙根本法则、万物的生意都凝聚、郁积于良知，所以良知是造化的精灵，是宇宙法则的最高体现。

在阳明看来，虚灵明觉是良知根本属性，人对事物的把握，须经虚灵明觉。从这个意义说，良知的作用是决定性的。阳明曾问弟子："你看这个天地中间，什么是天地的心？"弟子答："尝闻人是天地的心。"问："人又什么叫作心？"答："只是一个灵明。"阳明发挥说：

> 可知充天塞地中间，只有这个灵明，人只为形体自间隔了。我的灵明，便是天地鬼神的主宰。天没有我的灵明，谁去仰他高？地没有我的灵明，谁去俯他深？鬼神没有我的灵明，谁去辨他吉凶灾祥？天地鬼神万物离却我的灵明，便没有天地鬼神万物了。我的灵明离却天地鬼神万物，亦没有我的灵明。如此便是一气流通的，如何与他间隔得？又问："天地鬼神万物，千古见在，何没了我的灵明，便俱无了？"曰："今看死的人，他这些精灵游散了，他的天地万物尚

在何处?"(《传习录》下)(译文:由此可见,充盈天地间的,只
有这个灵魂。人为了自己的形体,把自己与其他一切都隔
离开了。我的灵明就是天地鬼神的主宰。如果天没有我的
灵明,谁去仰望它的高大?如果地没有我的灵明,谁去俯视
它的深厚?鬼神如果没有我的灵明,谁去分辨它的吉凶祸
福?天地鬼神万物,如果离开了我的灵明,也就没有天地鬼
神万物的存在了。我的灵魂,离开了天地鬼神万物,也同样
会不存在了。这些都是一气贯通的,怎么能把它们间隔开
来呢?又问:"天地鬼神万物,千古长在,为什么没有我的灵
明,它们就不存在了?"先生说:"现在你去看那些死了的人,
他们的灵魂都已经游散了,他们的天地鬼神万物还在哪
里呢?")

这里的灵明,就是人的认识能力。人为万物之灵,从这个意
义说,人是天地的精灵,人所认识的事物,皆是经灵明整理过的
现象。天地万物都是人的灵明的产物。天之高,地之深,鬼神
之吉凶灾祥,都是人赋予的。没有人的灵明,一切事物都是没
有意义的,都是无法判断其存在与否的。所以阳明的南镇观
花那段有名的议论,意在强调灵明在认识活动中的绝对意义,
强调没有认识之外的现象。对于灵明的强调,正是阳明把主
体绝对化,将其作为天地万物的本原的一个途径。由此说明,
阳明把良知提升为天地万物的本原,是经由道德、认识等环节
达到的。

（5）良知即是天理、是道。

阳明说："明道云'吾学虽有授受,然天理二字却是自家体认出来'。良知即是天理,体认者,实有诸己之谓耳。"（《与马子莘》）把天理作为道德法则的意义仍是宋朝理学的基本用法。阳明以良知为是非准则,在这个意义上,良知即是理,即是天理。阳明说："鄙夫自知的是非便是他本来的天则。"（《传习录》下）"天则"就是天理,指良知是既先验又普遍的道德法则。理或天则,换个说法就是"道",所以阳明又有"良知即是道"（《与陆之静书》）的说法。他还说："道即是良知,良知原是完完全全,是的还他是,非的还他非,是非只依着他,更无有不是处,这良知还是你的明师。"（《传习录》下）（译文:道就是良知,良知本来就是完完全全的,就像镜子一样,对的就还他个对,错的就还他个错,是非只依照良知,就不会有不恰当的地方。这良知还是你的明师。）根据这些说法,良知就是道、就是天理,都是指人类社会的普遍道德原理而言,而不是指宇宙存在、运动的普遍法则。

王阳明提出"良知即是天理"。明代中后期,商品经济非常发达,重视天理的观点进一步变化。孟子说:不学而知的是良知;不学而能的是良能。良知天生就有,小孩子生下来不用人教他,自然就爱他的父母,他在成长的过程中,他自己知道他要尊敬自己的兄长,这就是良知。《大学》讲"格物致知",什么叫致知呢? 朱熹讲致知的概念就是扩充你的知识,王阳明解释致知就是致良知,良知是人的道德行为的直接指导。

阳明认为,人做错事,是因为人心被私欲所污染,不过,即使是盗贼也不是没有一点良知。例如,有个王阳明的门人,夜间在房内捉到一个贼,他对贼讲了一番良知的道理。贼大笑,问道:请告诉我,我的良知在哪里? 当时是大热天,阳明问贼热不热,贼说热;他就叫贼脱光上衣,又问他还热不热? 贼说还热。阳明说,既然还热,何不脱光裤子呢? 贼犹豫了一下说:这好像不好吧! 这时阳明就大声喝道:这就是你的良知。

这个故事的用意表明,每个人都有良知,这良知便是人的本心。人凭着良知懂得什么是对的,什么是错的。人人从本性上讲都是圣人,所以他的学生们常说"满街都是圣人"。人按着这天生的本性去做事,就是"致良知",这是王阳明晚年反复讲的三个字,是阳明哲学的中心思想。

2."致良知"的理论内涵

(1)德与知的关系

"致良知"包含两个方面:道德理性和知识良性。前者带动后者同步前进。

王阳明的实践道德说是强调道德的重要性,他事事处处强调道德的首要性,道德对于一切具体知识的本原性。道德是统领,知识是辅翼,道德修养可以带动知识探求。即使知识在某些方面、某些情景下有欠缺和匮乏,道德心也会驱迫主体,自动地去掌握必要的知识。所以王阳明极力强调道德理性对于知识理性的优越性,把道德的培养放在高于一切的位置。所以,每完成一件事,王阳明认为,它的收获是双重的:既是德性的提高,也是知识的增长。

王阳明道德修养的起点是心之本体。心之本体,即人天生地具有善的萌芽。有时为了突出道德理性的主体地位,统帅地位,而针砭辞章背诵、夸多斗靡的时风,他甚至贬损知识,但在他的哲学中,是隐含的,是题中应有之义。

道德理性的突出,是王阳明针对明代当时社会道德沦丧,士人竞逐世俗荣利,不再讲求身心、性命这种局面而提出的救治之方,他的直接目的是改良社会,匡正世风。但作为一个引发了一场哲学变革的学派领袖,他的救世之方包含着摇动当时、影响后世的哲学内容。阳明之所以敢冒天下之大不韪,在朱子学的一统天下中标揭新说,是因为"有其不得已者存乎其间,而非以计人之信与不信也"(《传习录》中)。在他的苦心倡导下,在他人格魅力、学说力量的感召下,阳明学传播到各地,席卷大半个中国,为理学注入新的活力,增加了新的内容。

宋明理学家继承先儒的传统,也把内圣外王视为人生实践的操作模式。这种模式具有双重的要求:一是内具圣人之德;二是外施王者之政。我们对这个原则可作现代诠释:"内圣"是指有很高的道德素质,具有为人正直、出以公心、工作认真、敬业爱岗、勤勤恳恳、遵纪守法、勇于负责、助人为乐等美德;"外王"指有很高的能力素质、有技术专长、有办事能力、有开拓意识和创业精神。由此可见,内圣外王与德才兼备在意思上相通的。内圣外王是儒家理想人格的极致。历史上的儒者在道德文章和经世济民的功业上都达到相当成就的并不多。王阳明庶乎近之。

他可以说是中国历史上为数不多的几个集内圣外王于一身的豪杰之一。

（2）良知是由薄到厚的过程

良知反应外物的能力，是一个不断扩充以至其极的过程。良知由单薄到深厚的过程。阳明说：

> 我辈致知，只是各随分限所及，今日良知见在如此，只随今日所知扩充到底。明日良知又有开悟，便从明日所知扩充到底。如此才是精一功夫。（《传习录》下）（译文：我们这些人做致良知的功夫，也只是各自随自己的能力尽力而为。今天认识良知到了这个地步，便根据今天的认识延伸到底；等明日良知又有新的领悟，那就根据明日的认识延伸到底。这样才是"精一"的功夫。）

在王阳明的良知概念中，道德理性和知识理性在起初，并不是时时吻合的，所以常有出于善的动机，结果却不尽如人意之事。阳明认为，只要时时以致良知为意，踏实去做，道德和知识会逐渐统一起来。阳明的"开口即得本心"，正是他长期在实事上磨炼达到的境界。在阳明，合目的与合天理的统一是修养的极致，在这个极致中，天人融合无间。而这个统一是一个过程，一个向更高形态、更高境界趋进的过程。所以，良知本身活泼泼地、是不间断的。这一点是阳明学说的精髓。

（3）致良知与知行合一

阳明晚年多次提到《易大传》中的"知至至之"之语。他说："知至者知也，至之者致知也，此知行之所以一也。"（《与陆元静书》）这表明良知是知，致良知是行；不担心不知，只担心不行。可见，明代王学传统中已经把知与致知分别对应于知与行的关系。

当阳明晚年提出致良知宗旨之后，不仅没有放弃知行合一的说法，而且常常强调致良知本身就体现了知行合一。他还反复强调良知人人本有，只是有人不能致其良知，他的重点不再强调知行本体的合一，而是强调知行工夫的合一，即知之必实行之。

阳明晚年的良知学说，要明确区别"良知"与"致良知"，认为良知人人本有，却不能致其良知于事事物物，这就明显地区别知行的思路，与知行合一的思路不同。知行合一正是强调知与行之间的同一性，如说"知而不行只是未知"。阳明晚年的致良知思想中，已不强调知中有行、行中有知。无论是知行合一还是致良知，他都是强调把知付诸实践，它们只是为了达到同一目的，采用的不同方式而已。

3."致良知"的落实

致良知是阳明心学的理论基础。

王阳明针对程朱学派的难题（学问知识如何转化为道德实践）和弊病（钻进旧书故纸之中而忽视道德修养），强调良知是人先天具有的道德意识和道德能力,因而人的修养方法也就是"致良知",即把良知推及于事事物物。

在王阳明看来,人心既然是天理在人身上的体现,那么人心不经学习,就可知道天理,即知道仁、义、礼、智、信;不经学习,就可能按天理的要求去做。

阳明认为,做好人、圣人的真正途径,是把自己心里本来就具有的天理,也就是良知付诸实践,照心的指示去做,把心中的天理推广开去,应用于每一个事件和事物,这才是真正的"考察事物"。

阳明还认为,应在心中求理,并以孝为例来说明——如果在父母那里求孝的理,就会有孝之理是在父母身上还是在我心中的疑问,如果说孝之理在父母身上,那么父母死后,我心中就没有孝之理了;可事实并不如此,父母死后我心中仍有孝。同时,他也强调说,我们说某人知孝,一定是那个人做到了孝。如果那人只说一些有关孝的话,是无法说他知孝的。如何才能做到"致良知"呢?

(1)诚意。

王阳明说:"着实去致良知,便是'诚意'。"(《答聂文蔚二》)"诚"便是守信。诚信,只是一个实在的法则或道理;而对人来说,必须通过现实的行为,才能将其表现出来,否则口说无凭,是看不到这个道理的。"不欺",首先是不自欺,强调自我反省,表里如一;其次便是不欺人,欺骗别人实际也是自欺,比自欺的错误更严重。

王阳明在对"诚"的发挥上，更重视从《大学》立说。

《大学》教育人们生存的意义在于"明德、亲民、至善"这三大纲领，通过对格物、致知、正心、诚意、修身、齐家、治国、平天下八个条目的践履来实现。王阳明认为，贯穿《大学》"三纲领八条目"的关键是"诚意"，"所谓诚其意者，毋自欺也"。明德、至善即是诚意的结果，诚意又是正心的前提。诚意的办法就是格物致知。阳明说："欲诚意则随意所在某事而格之，去其人欲而归于天理，则良知之在此事者无蔽而得致矣。此便是诚意的工夫。"（《传习录·陈九川记》）意思是：想要"诚意"，就必须在意所涉及的事物上去"格"，就必须去除私欲遵循天理，这样，良知于此就不会再受到蒙蔽，并且能"致知"了。"诚意"的功夫就在这里。

有些时候，软弱的人做错了事，被良知察觉，并且给出了"这样做不对"的严正警告，他却因为软弱而把这警告丢在一边，硬着头皮去做错事，甚至不肯收手，这就是王阳明所说的"自欺"。

王阳明说良知是一个"灵明"，又灵，又明。"灵"是因为良知不昧，永远清醒。我们做每件事，每个念头，都逃不过良知的监视；"明"是因为良知永远是我们在道德层面所能接触到最正确的东西，只要我们扪心（良知）自问，良知一定会告诉你这样做是对，还是不对。

良知能使人快乐、坦然、自信；而"自欺"者，就失去这三样人心里的珍宝，因为软弱和私欲而失去快乐、坦然和自信，这是很愚蠢的。因此说，阳明心学就是针对我们人性的弱点"纠偏除弊"，知行合一的重要性也正在此。

有人问阳明:"我心里产生私意的时候,自己也知道,可是怎么也去不掉,怎么办?"

王阳明回答得非常好,他说:"你萌生这一'知'(指良知),便是你的命根。"

可见很糟糕的人,他心里还有良知在,做坏事时心里还有愧。这良知,就是他改恶从善、起死回生的"命根"。什么时候他忽然感到惭愧和忸怩,有所羞愧、悔悟,那么他尚有可为。这就是俗话说的"良心发现"。

《孟子·尽心上》里说:"人能充其无欲害人之心,而仁不可胜用也。""充",就是扩充;而孟子所说的这个"人能充其无欲害人之心",就是王阳明所说的"致良知"。

从良心发现,到不断扩充良知,以至于"不可胜用",这个过程正像《道德经》里那句"道生一,一生二,二生三,三生万物"。这也正是"知行合一"旋转向上、不断进步的过程。

不管是谁,只要抓住良知,扩充良知,拿出勇气来反省自己,努力"致良知",就一定会像王阳明说的"随他多少邪思枉念,这里一觉,都自消融"(《传习录》)。

(2)"慎独"

慎独,是古代读书人特别注重的一种自我修养的方式。用最简单的话说,就是"对自己灵魂深处的念头要谨慎排查"。所以慎独这个概念用阳明心学来解读,是最明白不过的,阳明说:"慎独即是致良知。"(《与黄勉之书》)

王阳明的弟子黄弘纲问:"戒惧是自己不知道时下的功夫,

慎独是自己独知时下的功夫,这话对吗?"

　　王阳明说:"这只是一个功夫,无事时固然是独知,有事时也是独知。人们如果不知道在独知的地方用功(探究灵魂深处的私欲),只在人人都知道的地方下功夫表现自己的'正派样子',这就是作伪,就是'(平时什么坏事都干)见了君子才又鬼头鬼脑掩盖自己做的坏事'(《大学》),这个'独知'的地方(灵魂深处)就是诚意萌芽的地方,在此处不论善念恶念,没有虚假,这里(灵魂深处的良知)正确了,做的事就全正确;这里(灵魂深处)错了,那做的事就全都会出错。这里(灵魂深处)正是义和利、诚与伪、善与恶的交界之处,在这里站稳脚跟不动摇,就是正本清源。古代那些圣人做学问的功夫,精神命脉,全都在这一点上。"(《传习录》上)

　　慎独就是诚意的宗旨、功夫。就是时刻戒惧谨慎,体悟内心的良知、至善。这是一种道德修养方法,注重对道德理想和动机的培养。想要诚意就必须在"慎独"上下功夫,时时规范自己的言行。因为"戒惧之心稍有不存,不是昏聩,便是流入恶念",就是你不管任何时候,有事无事,做事不做事,都要保持你的"戒惧恐惧"之心。"慎独"就是要遏制自己的贪欲,连最微小、最隐蔽的地方也不放过,行事要遵循自然之理,一刻也不间断。那样,你的内心便会时时自省,便会心胸安泰。

　　(3)"去掉物欲的昏蔽"

　　良知虽然知是知非,并且具有"随你如何不能泯灭"(《传习录》下)的特点,但良知又存在着一个根本缺陷,即容易受到私欲的蒙蔽。这是由于良知必须发用流行于知觉中的特点决定的。因此,对现实的人生来说,良知也就非"致"不存;只有在"致良知"的道德实践中,"良知"才能真正发挥其随时知是知非的作用。这样一来,"良知"虽然是人的"天植灵根",但也只有在"致良知"的道德实践中,它才能真正发挥其"试金石、指南针"的作用。在王阳明晚年的讲学中,多次强调致良知的功夫。他说:

> (良知)不能不昏蔽于物欲,故须学以去其昏蔽,然于良知之本体,初不能有加损于毫末也。(《传习录·答陆原静书》)(译文:良知不可能不被物欲所蒙蔽,所以必须学习清除物欲的蒙蔽,然而这对良知的本体,也不会有丝毫的损害。)

王阳明认为,心的内容就是"天理"。他说:

> 此心无私欲之蔽,即是天理,不须外面添一分。以此纯乎天理之心,发之事父便是孝,发之事君便是忠,发之交友治民,便是信与仁。(《传习录》下)

良知也就是心中的天理的自我认识。但人除了良知之外,还有私欲,私欲能遮蔽良知。于是他特别强调"存天理去人欲",他说:"只要去人欲存天理方是工夫。静时念念去人欲存天理,动时念念去人欲存天理。"(《传习录》上)去尽人欲纯是天理,就是圣人了。"圣人之所以为圣,只是此心纯乎天理而无人欲之杂。"(《传习录》上)他要求:"将好色、好货、好名等私欲逐一追究,搜寻出来,定要拔去病根,永不复起,方始为快。"(《传习录》上)(译文:一定要把好色、贪财、慕名等私欲逐一搜出来,然后将它连根拔起,使它永不复发,才觉痛快。)

阳明关于"致良知",就要去掉物欲的昏蔽,而且要彻底。很明显,阳明就是要通过良知这种内在主宰,从而将整个人生都统一到"致良知"的道德实践上来。正因为良知只有在致良知的道德实践中才能发挥作用,所以王阳明将"致良知"视为其一生探索的最高结论。在"致良知"三字上,实现了"心即理"、"知行合一"的最终统一。凭借着"致良知"的功夫,王阳明心目中"破心中贼"的终极关怀,就有了切实可行的落脚点。

(4)知错能改

"致良知"就要知错能改,良知能知善、知恶,所以"致良知"就是知道善就维护,知道恶就去除。从道理上说容易接受,做起来却不容易,因为它需要一个重要条件:勇气。

王阳明引用《大学》里两句话,原文是:"所恶于上,毋以使下;所恶于下,毋以事上;所恶于前,毋以先后;所恶于后,毋以从前;所恶于右,毋以交于左;所恶于左,毋以交于右;此之谓絜矩之道。"意思是:厌恶上司的办事态度,就不要用这样的办事态度对待下属;厌恶下属的办事态度,就不要用这种态度去应付上司;厌恶前任的办事态度,就不要用前任的办事态度去对付后任;厌恶后任的办事态度,就不要用后任这种办事态度对付以前的人;厌恶左边这人的办事态度,就不要用这种办事态度对待右边的人;厌恶右边这人的办事态度,就不要用这种办事态度对待左边的人,这就人生的一种规矩准则。

归结起来说,就是:不论是谁,知错就要改,哪怕再难改也要改,要有这样一种勇气,这才是"致良知"。"追求良知,不断进步,发现错误,改正错误"的过程,就是"人皆可以为尧舜"的本钱。

在道德实践中,"致良知"作为王阳明心目中的理想方法,无疑是他所倡导的克服人心私欲的最佳选择。但是,现实社会矛盾所引发的人心私欲膨胀以及社会政治和经济矛盾进一步引发的阶级矛盾和阶级斗争,却不是"致良知"所强调的道德意识与道德实践所能彻底解决的。"致良知"学说并没有能够挽救明王朝的衰亡命运,也不可能解决封建社会的根本矛盾。

第三章 "王门四句教"

（一）天泉证道

明朝嘉靖六年(1527)，王阳明奉命出征广西思田，他的得意弟子钱德洪(绪山)、王汝中(龙溪)赶来饯行。两人同住舟中，相与论学，因意见不一，要求老师裁决，阳明欣然答应。随后，他们移席天泉桥，于是哲学史上一场有名的辩论开始了。

王阳明晚年总结授学之道，提出了"王门四句教"，即"无善无恶心之体，有善有恶意之动，知善知恶是良知，为善去恶是格物"，用以教授生徒，壮大学派。钱、王二人的论辩正是围绕此问题展开的。

王汝中说："在我看来，既然'心之体'——心的本然状态是无善无恶的，那么由此产生出来的意(意念)、知(认识)和物(事物)也应该是无善无恶的；如果意、知、物有善有恶，那么心之体也就是有善有恶。心、意、知、物只是一件事情，只要悟得心之体是无善无恶的,则意也是无善无恶的意,知也是无善无恶的知,物也是无善无恶的物,这就是我的'四无说'。"他主张只要心体上领悟了,就一了百了,简易直接。

钱德洪反驳说:"先生的话,其实是'四有说',无善无恶者心,有善有恶者意,知善知恶者良知,为善去恶者格物。没有'为善去恶'的工夫努力,就不能悟得心之本体。"

王阳明总结说:"汝中看到了本体,可以教授天赋聪明的人。德洪看到了工夫,可以教授天资一般和愚钝的人。你们要相资以为用,不要片面地各执一端,这样我的心学就可以发扬光大了。"

王阳明在理论上肯定了王畿"四无"说,在社会实践上肯定了钱德洪的"四有"说。这既让王畿感觉自豪,又让钱德洪感觉安心。王阳明对王畿和钱德洪的观点进行了调和,并一再叮嘱他们:"与朋友讲学,切不可失了我的宗旨。"

在王阳明看来,四句教是自修为圣人的行动指南,不可以轻易放弃和改动。但是待王阳明死后,王畿和钱德洪依然各执己见,在争论中未见分晓。因为只有王畿和钱德洪对王阳明的四句教法有过深入的研究,随着两人各执己见,这便成为学术上的一个悬案。

阳明一生学术宗旨有过几番变化,在不同时期有不同的学说重点。江右(江西)之前,主诚意格物,江右之后,专主致良知。居越六年,更以"致良知"三字收摄前后各阶段讲学宗旨而融会贯通。

德洪所得,主要是诚意格物;王畿所得,主要是致良知。诚意格物与致良知,虽说到底是一个,但二者实有不同的侧重。诚意格物重在"以功夫实现本体",致良知重在推致善的念头,使每一思想行为皆为此善念所范导。

阳明前期兢兢业业,多教学者为善去恶,胜私复理,其功夫多在格物诚意。后期则"后操益熟,所得益化",多教学者"致良知","推致吾心良知所知之天理于事事物物"。钱德洪主要依据阳明早年、中年的思想,王畿主要依据阳明晚年思想。由于阳明早晚年学术重点的变化,而王畿、钱德洪也确是各有所据,因而阳明加以调停,说二人之见相互补充,相资为用,不可各执一边。

"天泉证道"一方面是王阳明晚年思辨的总结,是心学体系的一个简明扼要的概括;另一方面,也给后学们留下了进一步讨论的余地。

"天泉证道"后,王学的分化,基本上沿着这两个方向发展:一种是沿着主体的方向,将王阳明的致良知之学激荡为一种大无畏的精神,从而表现出一种打碎枷锁、冲决罗网以至于人欲横流的自然人性论;另一种则是沿着本体思辨化的方向,将致良知之学发展成为一种空谈心性之学。其实,当王阳明通过主体与本体的同一原则而提出"心即理"时,就已经预示了这种分化的可能;而当他进一步将整个人伦世界全然收摄于主体的道德良知时,也就必然会遗落客观、外在的物理世界。这一问题,是所有的主观唯心论者都在所难免的。从这个角度看,王阳明心学是宋明心性之学的集大成者。

(二)"四句教"释义

王阳明晚年把他的整个哲学体系总结为四句：

> 无善无恶心之体，
> 有善有恶意之动，
> 知善知恶是良知，
> 为善去恶是格物。

为什么说心体是无善无恶的呢？王阳明自己就说过："天地生意，花草一般，何曾有善恶分子？"另外，从呈现宇宙大生命的个体心胸来看，也不能有丝毫的善恶意念。因为彰显宇宙生命的个体心胸必须保持一个虚静空明的心境，只有彻底摆脱了善恶的意念以及种种实用的功利的考虑，才能从宇宙中的一草一木、一山一水中发现宇宙无限的生机，把握宇宙永恒的生命本体。我们可以从中国古代文学作品中看到关于空明心境的描写，如唐代刘禹锡诗："虚而万景入"，宋代苏轼诗："欲令诗语妙，无厌空且静。静故了群动，空故纳万景"，南北朝宗炳文："圣人含道应物，贤者澄怀味象"。所谓的"万景入"、"纳万景"以及"味象"等，讲的都是人的生命贯通于天地宇宙，与宇宙欣合和畅，呈现、照亮无限、永恒的宇宙生命本体。他们认为，呈现宇宙生命本体要以虚静空明的心胸为前提，只有摆脱个体有限的感性生命的束缚,才能发现宇宙生命的大美。冯友兰在《中国哲学新编》中指出:王阳明把这种呈现宇宙生命大美的心胸,比作略无纤翳的明镜,因为虚静空明的心胸好像明镜一样,"妍媸之来,随物见形,而明镜曾无留染,所谓情顺万事而无情者也"。

"无善无恶心之体"的意义,不是否定伦理的善恶之分,它讲的是道德伦理的不同面向,指的是心本来具有纯粹的无执着性,也是指心的这种本然状态是人实现理想境界的内在根据。

按阳明的意思,"无善无恶心之体"是说,心中本无善念恶念。善念恶念是"意",意是后天生起的,不能说心中先天就有善念恶念。阳明将这种状况譬为太虚:

> 有只有你自有,良知本体原来无有,本体只是太虚。……人心本体亦复如是,太虚无形,一过而化,亦何费纤毫气力?(《王阳明全集》,第 1306 页)

在阳明看来,心体只有明莹无滞,才能正确地应感万物;若心体有意念,则意念适成弊害。即使是善念,对心体也是一种妨碍。阳明说:

> 心体上着不得一念留滞,就如眼着不得些子尘沙。些子能得几多?满眼便昏天黑地了。又曰:这一念不但是私念,便好的念头亦着不得些子。如眼中放些金玉屑,眼也开不得了。(《传习录》下)(译文:心体上不能有一丝私念存

留,就像眼里不能有一点灰尘存在。沙子能有多大多少呢?但是它能让人满眼都昏天黑地了。又说:这个念头不只是指私念,就算好的念头也不能存留一点。就像眼里放了一些金玉屑,眼睛也睁不开了。)

阳明常教弟子寻未发之中。有未发之中,才能有发而中节之和。未发之中就是心体明莹无滞、廓然大公的状态。这种状态,是心的理想状态,即使像为善去恶这样的日常功夫,也不可一味执着。阳明说:

> 为学工夫有深浅,初时若不着实用意去好善恶恶,如何能为善去恶?这着实用意便是诚意。然不知心之本体原无一物,一向着意去好善恶恶,便又多了这分意思,便不是廓然大公,《书》所谓"无有作好作恶",方是本体。(《传习录》上)(译文:治学的功夫有深浅的区别,开头如果不用心去好善憎恶,如何能做到为善治恶呢?这里的用心就是诚意。但是如果不明白心的本体原本就是纯净无物的,一直执着地去刻意好善憎恶,便又会多了一份执着刻意,便不是廓然大公了。《尚书》中说:"不故意去伪善作恶",才是心的本体。)

无有作好作恶是心之本体。但人既然整日在现象世界里,难免有情欲。阳明对于情欲,不是强制,禁绝不起,而是过而不

留。阳明弟子问:"良知好比日,情欲好比云,云能蔽日,但也是天应该有的,情欲是否人心应该有的?"阳明答:

> 喜怒哀惧爱恶欲谓之七情,七者俱是人心实有的,但要认得良知明白。……七情顺其自然之流行,皆是良知之用,不可分别善恶,但不可有所着;七情有着,俱谓之欲,俱为良知之蔽。(《传习录》下)(译文:喜、怒、哀、惧、爱、恶、欲,就是所谓的"七情"。这七种感情都是人心本来就具有的,但我们需要把良知体认清楚。……这七种情感顺其自然地运行,都是良知在发生作用,不能认为它们有善、恶的区别,更不能对它们太执着;如果执着于这七情,就成了欲,那都是良知的阻碍。)

这是说,七情本身不可说是恶,有所执着方谓之蔽。七情就如太虚中的"雨露风霜阴霾馂气",一过而化,即不为敝。

这里说的心体(心之本体),是在形下层面,皆指能生意念、有七情六欲的现实的心。这个现实的心的本来面目是空,原无一物。但若到形上层面,则"心之本体"别有意谓。阳明关于心之本体,有许多不同的说法:

> 心之体,性也。性即理也。穷仁之理真要仁极仁,穷义之理真要义极义,仁义只是吾性,故穷理即是尽性。(译文:天性是心的本体,天性就是理。穷尽人的理,直到仁成为至

仁；穷尽义的道理，直到义成为至义。仁与义都是天性，所以穷理就是尽性。）

惟乾问："知如何是心之本体？"先生曰："知是理之灵处，就其主宰处说，便谓之心；就其禀赋处说，便谓之性。"（《传习录》上）（译文：惟乾问："为什么知是心的本体？"先生说："知是天理的灵妙之处，就它的主宰处来说，叫作心；从它的先天禀赋来说，叫作性。"）

定者，心之本体，天理也。动静，所遇之时也。（译文："定"是心的本体，是遵循天理。动静是因时而异的。）

心之本体，即是天理，天理只是一个，更有何可思虑得？（译文：心的本体就是天理，而天理只有一个，除此之外，还有别的什么可以思虑的呢？）

良知者，心之本体，即前所谓恒照者也。心之本体，无起无不起。（译文：良知是心的本体，也就是前面讲的"恒照"。心的本体无所谓有无开端。）

乐是心之本体，虽不同于七情之乐，而亦不外于七情之乐。（以上见《传习录》中）（译文：乐是心的本体，它虽然与七情之乐不尽相同，但也不在七情六欲里的乐之外。）

至善者心之本体。本体上才过当些子，便是恶了。不是有一个善，却又有一个恶来相对也。（译文：最高境界的善，就是心的本体。本体上刚有点过错，便成了恶了。而并非有了一个善，又还有一个恶来和它相对应。）

心无体，以天地万物感应之是非为体。（译文：心没有本体,它以天地万物感应到的是非作为本体。)

无知无不知,本体原是如此。譬如日未尝有心照物,而自无物不照,无照无不照,原是日的本体。良知本无知,今却要有知;本无不知,今却疑有不知,只是信不及耳。(以上见《传习录》下)(译文:什么都知道,但又什么都不知道,本体本来就是这样的。这就好像是太阳,它未曾有意去照耀万物,但又很自然的,没有什么东西是不被太阳照射的。无照无不照,就是太阳的本体。良知本来什么都不知道,如今却要让它有知;本来良知是无所不知的,但现在却又怀疑它会有所不知。只是因为还不够信任良知罢了。)

统观王阳明关于心之本体的说法,可以将它们分为四类:(1)心的至善无恶的形上设定,心之本体即性,性即理,乃天赋之善,这种善不同于形下时时生起的善念恶念,而是有善无恶的至善。(2)心的无善无恶的形下状态,即心的本来面目、本来体段,即上所喻太虚。(3)对于心的诸性质的描述,如乐是心之本体,定是心之本体,恒照是心之本体等。(4)心无体,这是从认识论的角度,说心如一块白板,心以对外物的反映为其体。就如眼耳等以对外界声色的反映为其体一样。这四类中,第一第二类与我们以上讨论"无善无恶心之体"是说心中本无善念恶念,善念恶念是后天生起的,但心中有天赋的善性;而只有在心体无善无恶的状态下,至善无恶的性才能发露。心越空灵,善性越充盈。无善无恶是修养所欲达到的境界,而达到这种境界正是为了天赋善性的显露。这就是阳明所说"无中生有的学问"。无是手段,有是目的。心中性体流行,正是具体善念恶念退听之时。

"有善有恶意之动",是说心体是无善无恶,而人的意念却有善有恶。心体是人先天的清静本性,而意念则是后天的经验判断。关于后天意念上的善恶,王阳明说:"子欲观花,则以花为善,以草为恶;如欲用草时,复以草为善矣。此等善恶,皆由汝心好恶所生。""汝心好恶",就是意念。意念是有具体对象的,对象不同,才产生意念上的好恶分别。王阳明认为,意念上的好恶与心体没有关系。意念是人的私心,而不是人的本心。私心是"躯壳上起念",也即肉体感观上起的欲念,不是由人本心所发。

"知善知恶是良知"。是说良知之知是心体之自然的发用,是心体的自然而然的表现。《孟子》讲过:"见孺子之入于井,而必有怵惕恻隐之心",就是很好的例子。王阳明还讲事父必孝,见弟必慈,这都是良知自然而然的表现,不待后天学习,人们天生就知道这个道理。因此,在王学体系,人的道德行为不必在外在的对象中寻找原因,只需反观内心,在本心良知中就可发现道德引为善恶的判断标准。

"为善去恶是格物。"一般来说,格物是指认识事物的规律,可是王阳明的格物含义并非如此。按照阳明的话来说,"格者,正也","物者,事也"。格物就是"正其不正以归于正"。王阳明看来,物不是客观的自然物,而是指事,所以格物也就不是对客观自然物的认识。事是指人的行为,人的行为有善有恶,有正有不正。所谓的格物就是使恶的行为变为好的行为,使不正的行为变成正的行为。而格物依据的标准,就是人先天的本有的良知。良知能自然地知是知非,知善知恶。按照良知去做事,就可以达到正其不正以归于正。

(三)"四句教"是对传统道学的革新

王阳明在四句教中用"无善无恶"和"有善有恶"来表达本体具有的双重性,正是由于对儒与佛、道合流思想的一种体验。他用四句教来表达其为学的宗旨,然而他的思想却有很多靠四句教所不能尽言的地方。这所不能尽言之处正是他对传统道学的革新处。例如他用"无善无恶"来表明"心之本体"的性质。即用佛、道的本体思辨来取代朱熹哲学"理"的陈旧格式,从而为走向沉寂的理学注入生命活力的用心。阳明弟子钱德洪说:"故先师曰:'无善无恶者心之体',是对后世格物穷理之学,先有乎善者立言也。因时设法,不得已之辞焉耳。"(《浙中王门学案一》)

王阳明的"无善无恶"确实有直接针对朱熹的内容,这也就是四句教所蕴含的潜在命题。例如:

1.圣人标准的改变

王阳明虽从小立下"读书成圣贤"的志向,并曾笃实地沿着朱熹"格物致知"的修养方法去求"心"与"理"的契合,但他心目中的圣贤标准,却不是从书本上学到的,而是自己求学和生活的实践中摸索到的。王阳明才华横溢和"豪迈不羁"的性格,也使他所尊奉的圣贤标准与当时一般学子不同。"圣人之道,吾性自足"的顿悟,标志着他找到了适合自己的成圣之路,也确认了自己心中的"圣人"标准,这就是他在成学之后谈到"圣人气象"时说的:

> 先认圣人气象,昔人尝有是言矣,然亦欠有头脑。圣人气象自是圣人的,我从何处识认?若不就自己良知上真切体认,如以无星之秤而权轻重,未开之镜而照妍媸……圣人气象何由认得?自己良知原与圣人一般,若体认得自己良知明白,即圣人气象不在圣人而在我矣。(《答周道通书》)(译文:先认识圣人气象,过去的人曾这样说过,然而也是欠缺要领,圣人的气象自然是圣人的,我们从何处能够体认到呢?如果不在自己良知上真切体认,就像是用没有准星的秤去称轻重,用没有打磨过的铜镜去照美丑……圣人的气象从何处去体认得到呢?自身的良知原本就同圣人是一样,如果把自己的良知体认清楚了,那么圣人的气象不在圣人,而在我们自己身上了。)

王阳明就是要每个人就自己的个性、能力、气质上成就个人。圣人不是千篇一律的偶像,亦不是就册子上考证、形迹上比拟而得来的。圣人,在他这里已经部分地失去了神秘的色彩。他还说:

圣人何能拘得死格，大要出于良知同，便各为说何害？且如同一园竹，只要同此枝节，便是大同；若拘定枝枝节节，都要高下大小一样，便非造化妙手矣。汝辈只要去培养良知；良知同，更不妨有异处。（《传习录》下）（译文：圣人岂会拘泥于死旧的模式呢？只要都同样是出自良知，即便他们各自立说又何妨呢？就以一园翠竹打比方，只要枝节相差不大，就是大同。如果一定要拘泥于每一根的枝节都一模一样，那就并非是自然的神妙造化了。你们这些只要去培养良知。良知相同，就不妨各自间有些差异存在了。）

人胸中各有个圣人……此是尔自家的，……众人皆有之……（《传习录》下）（译文：人的心里自然各有一个圣人存在……这是你本来就有的……每个人都有……）

可见，王阳明提倡发展个性，要弟子各依自己的良知行事，而不害自大同，这已不限于道德修养的范围，而是直接涉及提倡思想领域的怀疑和思考，以及冲破陈旧格式的精神。

"圣人之学，惟是致此良知。"王阳明把对人评价的尺度，只缩小到良知这一点上，而且能不能"致良知"的主动权，又掌握在各人自己手里，这样，圣人的概念在他手里便变了样。他说："圣人之所以为圣，只是其心纯乎天理而无人欲之杂……才力不同，而纯乎天理则同，皆可谓之圣人。"（《传习录》上）（译文：圣人之所以能够成为圣人，只是因为他们有一颗纯然合乎天理而没有丝毫人欲掺杂其中的心……他们的心都是同样纯然合乎天理的,虽然才力不同,也都可以叫作是圣人。)

可见,王阳明以"良知"为成圣的根据,"致良知"为成圣的保证。他认为,圣人不是无所不知,圣人虽然也有才力大小的不同,但论其为圣,是不分知识和才力的,只是能够发现自己的良知。圣人也不一定没有过失,只是他们能兢兢业业、勤求去私而已。这样的圣人观与朱熹一派讲"格物致知"、"读书穷理",讲究"涵养"与"进学",把圣人看作道德和知识两方面都完美的人的观点不同。以及"事上磨炼"等多种内容的提法,最后才找到了"致良知"的法宝。这就是他所说的"年来立教,亦更几番"的过程。四句教即是总结了这一过程。

王阳明用"无善无恶"和"有善有恶"来表达本体具有的双重性,正是出于对儒与佛、道合流思想的一种体验。

王阳明多年与道、佛交往的经历,给了他一种超然自得的境界体验,即自身与本体合一的感受。这感受补充了由朱熹学说继承而来的儒家修养方法的不足。王阳明说:"大抵二氏之学,其妙与圣人只有毫厘之间。"(《传习录》上)(译文:大致上来说,佛、道两家的精妙之处与圣人的学说,只有毫厘之差。)这里所说的正是佛、道修养中所具的一种自得的体验。但他又深知道、佛与儒家思想在"本体"上的背离处:"仙家说虚,圣人岂能虚上加得一毫实?佛氏说无,圣人岂能无上加得一毫有?但仙家说虚,从养生来说,佛氏说无,从出离生死苦海上来,却于本体上加却这些子意思在,便不是他虚无的本色了,便于本体有障碍。"(《传习录》下)(译文:道家讲"虚",圣人岂能在"虚"上再添加丝毫的

"实"？佛家讲"无"，圣人岂能在"无"上再增添丝毫的"有"？但是，道教说"虚"，是从养生方面来说的；佛教说"无"，又是从脱离生死轮回的苦海上来说。他们从本体上又着了一些养生或脱离苦海的私意，便就不再是"虚"和"无"的本来面目了，在本体上有了阻碍。）"吾儒养心，未尝离却事物，只顺其天则自然就是功夫。释氏却要尽绝事物……与世间若无些子交涉，所以不可治天下。"（《传习录》下）（译文：我们儒家提倡养心，但从来没有脱离过具体事物，只是顺应天理自然，那就是功夫。而佛教却要全部断绝人间事物……慢慢地便进入到虚无空寂中去了，他们与世间便再没有什么联系，因此不能治理天下。）龙场悟道，王阳明在谪居的特殊情景下，体悟到"圣人之道，吾性自足"，其实质就是，他以当时自身所具有的澄默静一之心来体验圣人之心，以为由此发出的表现，在日用间的好恶、情感、事为都是圣人之道。这就是他在理论上概括的"心即理"，其实是将佛、道对本体的心理体验来融合儒家实践的日常修养功夫。

王阳明讲"心即理"，那么"理"的存在必然要依赖于心，成为心的灵觉感应中的一种显现。所谓善恶的分别也正是这样。王阳明在"花间草"的问答中，曾讲："天地生意，花草一般，何曾有善恶之分？子欲观花，则以花为善，以草为恶；如欲用草时，复以草为善矣。"又说："无善无恶理之静，有善有恶气之动。不动以气，即无善无恶，是谓至善。"（《传习录》上）（译文："天地中一团生气，就像花草的生长，何曾有什么善恶之分？你想要赏花，便把花当作善，把花间的草作为恶。但是当你需要草的时候，又会反过来把草当作善。"又说:"无善无恶是天理的静止状态,而有善有恶是气的动态产生的。不因气而运,自然无善无恶了,这就是至善。")

王阳明从把良知作为决定一切的本体存在的角度出发,在一次与弟子的即兴谈话中,表现了他"满街都是圣人"的思想。

> 一日,王汝止出游归,先生问曰:"游何见?"对曰:"见满街人都是圣人。"先生曰:"你看满街人是圣人,满街人倒看你是圣人在。"又一日,董萝石出游而归,见先生曰:"今日见一异事。"先生曰:"何异?"对曰:"见满街人都是圣人。"先生曰:"此亦常事耳,何足为异。"(《传习录》下)

如果说,王阳明"人人同具良知"的思想所表达的,还只是圣人与平民在道德人格意义上的平等,那么,他的"满街都是圣人"则进一步指出了具有良知的现实人的平等。王阳明的这种思想,固然是他从长期教授弟子的教育实践中所得,但也从侧面反映了明代中叶封建社会商品经济的发达,工商业者和自耕农等庶民阶层地位的上升和人们价值观念的变化。

2."理"的相对性

王阳明所处的时代,是朱(熹)学在思想界的一统天下的时代,也是"天下之士,厌常喜新,风会之变,已有喜所从来"(顾炎武:《日知录》)的思想变动时代。

朱熹以为天下"只是一个理"（《朱子语类》），"理"包容了天、地、人、物。他把"性"分为本然之性与气质之性。认为本然之性为人、物未生之本体，而气质之性是人生之后形气所杂的现实人性。"性"是寂然不动的伦理本体、万古不变的教条。

王阳明的四句教正表达了在"理"的问题上，他与朱熹有不同的看法。他认为"义理无定在"。他说："义理无定在，无穷尽……圣如尧舜，然尧舜之上善无尽；恶如桀纣，然桀纣之下恶无尽。使桀纣未死，恶宁止此乎？使善有尽时，文王何以'望道而未之见？'"（《传习录》上）（译文："义理不会有固定不变的所在，它根本无法穷尽……尧、舜二帝已经十分圣明了，但在尧、舜之上，善还远没有穷尽；恶人最多做到桀、纣了，但在桀、纣之下，还有无穷无尽之恶。而且即使桀、纣还未死，恶在他们那里就到了尽头了吗？假如善会穷尽之时，周文王怎么会感叹道'始终追求天理，却依旧没有遇到过天理'呢？"）

王阳明曾以舜不告而娶的例子来说明"义理无定在"：

夫舜之不告而娶，岂舜之前已有不告而娶者为之准则，故舜得以考之何典，问诸何人，而为此邪？抑亦求诸其心一念之良知，权轻重之宜，不得已而为此邪？（《答顾东桥书》）（译文：舜不告知父母而娶妻，难道是在舜之前便已经有了不告而娶的准则，所以舜能够考证某部经典，或者询问于某人才这样做的吗？还是依照心中的良知，权衡利弊轻重，不得已才这样做？）

王阳明的"义理无定在",就是说任何事物的善恶都是随时间、地点、条件而变化的。善恶很难从固有的典籍以及前圣已有的言行中找出绝对标准,以供效用。义理运用之妙,全在于一心;善恶判断,只有依靠自心良知的标准才最可靠。而良知却只是"大同",并没有千篇一律的"死格",这实际上就是他所说的"无善无恶"的真义所在。用主观性"良知"来取代"天理",其实已经改变和颠倒了原先朱熹以理为"体",以心为"用"的格局,这样,也就不可避免地要导致后学从"有善有恶"的现实,走向"无善无恶"的虚无,彻底否定了封建道德规范的制约了。从此,我们便可以理解阳明学对传统道学的革新处及其意义。

3. 阳明心学理路与四句教、传统道学的关系

王阳明早年遵循朱熹的"格物",从中发现"心理为二"的问题。所谓"心理为二",就是指格物的求知功夫与道德本体的自性体验不相吻合。王阳明从 27 岁到 31 岁,多年与道、佛交往的经历,给了他超然自得的境界体验,即自身与本体合一的感受。这感受补充了由朱熹学说继承而来的儒家修养方法的不足。王阳明说:"大抵二氏之学,其妙与圣人只有毫厘之间。"(《传习录》上)(译文:大致上来说佛、道两家的精妙之处和圣人的学说,只有毫厘之差。)其实所言的,正是道、佛修养中所具的自得的体验。但是他又深知,道、佛与儒家思想在"本体"上的背离处:"仙家说虚,从养生上来;佛氏说无,从出离生死苦海上来,却于本体上加却这些子意思在,便不是他虚无的本色了,便于本体有障

碍。"(《传习录》下)(译文:道教说虚,是从养生方面来说的;佛教说无,又是从脱离生死轮回的苦海上来说的。他们在本体上又着了一些养生或脱离苦海的私意,便就不再是虚和无的本来面目了,在本体上有了阻碍。)

王阳明早年曾迷恋佛、道,而当他将自己的思想归入儒家时,首先接受的便是朱熹的"格物"说。他对朱熹学说的"实践",使他由怀疑走向批判。王阳明说:

朱子所谓格物云者,在即物而穷其理也。即物穷理,是就事事物物上求其所谓定理者也,是以吾心而求理于事事物物之中,析心与理为二矣。(《答顾东桥书》)(译文:朱熹所说的格物,是指在事物上去穷究万物之理,即用心在万物上探求到它们所谓的原本的理,这样就将心与理分而为二了。)

众人只说"格物"要依晦翁,何曾把他的说去用!……及在夷中三年,颇见得此意思,乃知天下之物本无可格者,其格物之功,只在身心上做;决然以圣人为人人可到,便自有担当了。(《传习录》下)(译文:众人总以为"格物"就要按照朱熹的观点,他们又何曾切实去拿朱熹的观点去实践过?……等到后来,我在贵州龙场住了三年,很有些体会,这才知道,天下之物本来就没有什么可格的。格物的功夫,只能在自己身心上下。所以,我觉得人人都能够成为圣人,这样就有了一种圣人的使命。)

可见，朱熹是"心、理为二"，王阳明是"心即理"。他所追求的，首先不是求知做学问，而是切合个人身心的"成圣"体验。在为学及学说体系上，与朱熹不同，他不是"格""致"求知，从认识客观"天理"，再把它转换为律己的修养目标，而是直接追求一种人生意境。这种意境使人能够"以为有所主"。在实践中，对各种事物能运用自如，应对合"理"。

王阳明的实践道德方法，一个重要特征是融入了他自青少年时期即受佛、道浸染而渗入身心体验中的修养路数。从"心即理"，到"知行合一"，再到"致良知"，其核心讲的，就是心之"体用"，就是"良知"的境界与"致良知"修养的圆融契合。王阳明的四句教，讲的就是这两者的关系。

第四章 王阳明的教育思想与实践

王阳明是明代中叶著名的哲学家和教育家。他从 34 岁起就开始从事讲学活动,直至去世,前后历时 23 年。其中除 1522—1527 年是专门从事讲学之外,均是一面从政,一面讲学。他每到一处,兴建学校,创立书院,实行讲会,亲自讲学,领跑了开门授徒的志业。

随着政治待遇的改善和对黔中社会的逐步了解,阳明又很快把注意力从心学研究转移到当地的基础教育和文化普及上。于是他在《教条示龙场诸生》中,遂"以四事相规,聊以答诸生之意:一曰立志;二曰勤学;三曰改过;四曰责善",这与其撰《训蒙大意示教读刘伯颂等》的用意是何等相似!谁都知道,要在一个地处边陲、教育落后的地方从事学术事业,就必须从普及性、基础性的工作做起,这是最浅显不过的道理。所以阳明在"龙场悟道"之后,并未把过多的精力投放在个人思想体系的梳理和完善上,而是把注意力很快转向了当地的基础教育和文化普及上,憧憬着"村村兴社学,处处有书声"的人文景观能在贵州大地出现。

这无疑是王阳明为贵州留下的最宝贵的精神遗产。

阳明被谪贵州龙场,先创建龙冈书院,后受聘为贵阳文明书院主讲;巡抚江西任上,立马建立社学,大修濂溪书院;白鹿洞前,门人纷纷归来;在绍兴、余姚,先后承建稽山书院、阳明书院,并在龙泉山寺授课,可谓名噪一时。后到广西,兴办思田学校、南宁学校和敷文书院,又可谓造福一方。诚然,王阳明如此热心办学、讲学,其目的一是为了传播自己的学说;二是为了对民众加强伦理道德的教化,即所谓"破心中贼"。在客观上,对于明代中叶以后书院的发展、讲学之风的兴起,起了积极的推动作用。正如沈德符在《野获编》中所说:"王新建(即王阳明)以良知之学,行江浙两广间,而罗念庵、唐荆州诸公继之,于是东南景附,书院顿盛。"阳明的教育实践,不仅表明他强烈的文化担当意识,更重要的是,他措置裕如的办学经验和别具慧眼的教育思想,对现代教育学知识的蕴蓄具有非常重要的价值。郭沫若曾经这样称赞他:"王阳明对于教育方面也有他独到的主张,而他的主张与近代进步的教育学说每多一致。"阳明的教育思想施与时代以新精神,给予学子以新思想,显示了一个伟大的、成功的教育家的新气象。

(一)论教育的作用

王阳明十分重视教育对于人的发展所起的重要作用,提出了"学以去其昏蔽"的思想。他是用"心学"的观点来阐明这一思

想。人都有良知，良知却有致命的弱点，即在与外物接触中，由
于受物欲的引诱，会受昏蔽。王阳明认为，教育的作用就在于去
除物欲对于"良知"的昏蔽。

1. 立志学圣贤

人生追求主要指人们在其生命过程中，对某种目标的确立
与求取。这就是立志。王阳明在《立志》篇中说："志立而学问之
功已过半"，"志不立，天下无可成之事"。这里说的是立志的重
要。那么，要立什么志呢？阳明认为要立圣贤之志。王阳明所
追求的圣贤标准，其实就是人人心中自有的良知。他的良知说，
以吾心为实践道德主体，以为圣人是由自己"立志"确立的道德
目标，圣人的标准是由自性的资质所决定，由自心的道德实践所
把握和规定的；他以"良知"为成圣的根据，"致良知"为成圣的保
证，认为"圣人"是人人心中自有的，并且是人人都可以做到的。
王阳明说：

> 人胸中各有个圣人，只自信不及，都自埋倒了……此是
> 你自家有的……众人皆有之。(《传习录》下)(译文：人的心
> 中自然各有一个圣人存在，只是因为不够自信，便自己把圣
> 人埋没了……这是你本来就有的……每个人都有的。)
>
> 良知之在人心，无间于圣愚，天下古今之所同也。(《答
> 聂文蔚》)(译文：不论是圣人和傻瓜，从古到今，良知都存在
> 于人的心里。)

良知良能,愚夫愚妇与圣人同;但惟圣人能致其良知,而愚夫愚妇不能致,此圣愚之所由分也。(《答顾东桥书》)(译文:愚夫愚妇和圣人是同样拥有良知良能的,只是圣人能够意识并保存自己的良知,而愚夫愚妇则不能,这就是二者的区别。)

阳明强调良知人人所同,是从本体上讲的。他的良知具有主观圆融性,既是道德意识根源和主观的是非善恶的标准,同时又是主观价值的承担者和道德行为的支配者,因而自满自足而又能够主宰天下。阳明说:"人心是天、渊。心之本体无所不该,原是一个天,只为私欲障碍,则天之本体失了;心之理无穷尽,原是一个渊,只为私欲窒塞,则渊之本体失了。"(《传习录》下)(译文:人心是天,是深渊。心的本体,无所不包,原本就是一个天,只是因为被私欲蒙蔽,天的本来面目就迷失了。心中的理是无穷无尽的,原本就是一个深渊,只因为被私欲阻塞,深渊的本来面目也就迷失了。)这里,"心"的生命力的实现,还有待于"立志"和克己"精察"的磨炼功夫,所以王阳明又强调"致良知"是成圣的关键。良知是每个人的独立人格与自我意识的表现,而"致良知",才能充分发挥自我意识的作用,这乃是在道德修养中实现道德自律的前提。

阳明说:"圣人之所以为圣,只是其心纯乎天理而无人欲之杂……才力不同,而纯乎天理则同,皆可谓之圣人。"(《传习录》上)他以为,圣人虽有才力大小的不同,但论其为圣,是不分知识和才力的。圣人不是生而知之，不是先知，也不是无所不知。圣人原和凡人一样，并没有全知全能的天赋，他们也只是能够发现自己的良知；圣人也不一定没有过失，只不过他们兢兢业业、勤求去私而已。这样的圣人观，就是把圣人和凡人看作只有一步之隔，就看能不能致得自己内心的良知。若能"致良知"，即便是一字不识的"愚夫愚妇"，也同样做得了圣人。阳明这种圣凡平等观源于儒家的圣人崇拜和对平等化人格理想的追求，也是他长期教授弟子的教育实践中获得的。

阳明的"心学圣人观"与儒家的传统圣人观的区别在于：传统圣人观注重一个人的才力，用今天话来说，就是注重一个人的知识技能；阳明认为德性才是衡量圣人之为圣人的唯一尺度。只要人心纯乎天理，无论其材质大小，都不会影响其成为圣人。大家才力虽然不同，只要天理相同，都可以成为圣人。因此要明确，学为圣人，不是学一般性的知识，而是要学义理。在明代，许多学者多溺于辞章记诵，不知儒家身心性命之学，是王阳明首倡士子修习儒家心性之学，要求学生"先立圣人之志"，并与湛甘泉一道，"共以倡明圣学为事"，以此为起点，开始了他的讲学授道生涯的。

2. "学以去其昏蔽"

阳明认为："良知在人，随你如何，不能泯灭"，也不会消失，"虽妄念之发而良知未尝不在"，"虽昏塞之极而良知未尝不明"。不过，"良知"也有致命的弱点，即在与外物接触中，由于受物欲的诱惑,会受昏蔽。所以王阳明认为,教育的作用就在于去除物欲对于"良知"的昏蔽。他说得很明确,良知"不能不昏蔽于物欲,故须学以去其昏蔽"。这个"蔽"害人得很！它蒙蔽了人们获得正确的认识。对于这种"白黑在前而目不见,雷鼓在侧而耳不闻"的人,阳明开出的处方是:"学以去除昏蔽"。就是说,当道德良知遭受到私欲的"蒙蔽"时,阳明告诉弟子们要在心体上磨炼用功,教育的作用就在于激发本心所具有的良知。所以,从积极的角度来说,王阳明认为教育的目的作用是"明其心"。他指出:"君子之学,以明其心,其心本无昧也,而欲为之蔽,习为之害,故去蔽与害而明复。"无论是"学以去除昏蔽",还是"明其心",其实质是相同的,在王阳明看来,教育的作用就在于实现"破心中贼"的根本任务。基于此,他认为,用功求学受教育,并不是为了增加多少新知识,而是为了日减"人欲"。他说:"吾辈用功只求日减,不求日增,减得一分人欲,便是复得一分天理。"(《王阳明全书》卷七)对悟性的开启,非教育不能完成此责任的担当！对悟性的开启,也就是对心之本体的用功发力,使它免受污染和"良知"之外的私欲的蒙蔽,从而具有悟性萌芽的根基。按照王阳明的说法,孩子没有不爱双亲的,没有不尊重兄长的,只是这个天性不能遭到私欲的遮蔽,否则就不是他本来的自己。

王阳明认为,"良知"人人都有,因此人人都有受教育的天赋条件,圣愚的区别仅在于能不能"致良知","圣人能致其知,则愚夫愚妇不能致",由于"在常人,不能无私意障碍",总要受到物欲的引诱,所以人人都应该受教育;教育是为了去除物欲对"良知"
的昏蔽,因此它"不假外求",而重在"内求",即强调人的主观能
动性的发挥,自觉"胜私复理","去恶为善"。王阳明关于教育作
用思想中所包含的这些合理因素,是值得我们重视的。

(二)论道德教育

王阳明坚持了我国古代儒家教育的传统,把道德教育与修
养放在学校教育工作的首要位置。他说:"学校之中,惟以成德
为事,而才能之异,或长于礼乐,长于政教,长于水土播植者,则
就其成德,而因使益精其能于学校之中。"(《王阳明全书》卷二)
认为培养学生形成优良的品德,是学校中最重要的工作。唯其
如此,才能使学生的各种才能得到发展,日臻精熟。所以,他与
陆九渊一样,重视"尊德性",强调道德教育与道德修养。

明人伦

王阳明在道德教育中,对"明人伦"非常重视。"明人伦"中
的人伦概念就是安伦尽分。所谓"安伦"是人伦的实现,而"尽
分"是人格的完成。阳明把"明人伦"作为道德教育的目的。"夫
三代之学,皆所以明人伦。"(《王阳明全书》卷七)他这里所谓的
"人伦",即是"'父子有亲,君臣有义,夫妇有别,长幼有序,朋友
有信'五者而已"。他说:"唐虞三代之世,教者惟以此为教,而学
者惟以此为学。当是之时,人无异见,家无异习。安此者谓之

圣;勉此者谓之贤;而背此者,虽其启明如朱,亦谓之不肖。下至闾井田野,农工商贾之贱,莫不皆有是学,而惟以成其德行为务。"甚至他还认为,明人伦之外无学。外此而学者,谓之异端;非此而论者,谓之邪说;假此而行者,谓之伯术,饰此而言者,谓之文辞;背此而驰者,谓之功利之徒,乱世之政。

为了实现"明人伦"的教育目的,就要使受教育者找到自己的位置,譬如,世间为人子者,无论身在何处,都要懂得孝亲的道理,要孝敬父母,想念着父母,看望父母,在这个位置上尽好自己的义务。另外,"明人伦"的教育传统,对于我们的学问人生的观照非常有用。考场定终身,既违背了"才德行谊"的选士原则,又会伴生许多虚假的读书人。如果今天的青年人不愿意在才学与德行上下功夫,而是奔走在官场的诡言浮说之中,这样的读书人离学问是非常遥远的。

为了实现"明人伦"的教育目的,虽然王阳明主张以六经为主要学习内容,但对于六经,他提出了与朱熹不同的看法。朱认为,经书是圣人的教训,所以学者必须读经训史策的穷理。王则认为:"圣人述六经,只是要正人心,只是要存天理、去人欲。"因此,在王阳明看来,经书之所以能作为最重要的教材,不是为了讲学记诵,而是因为它可以帮助明吾心之常道,即明普遍永恒的道理。如果只注重于文义辞章,则完全背离了学习六经的本义。他说:"六经者非他,吾心之常道也。……故六经者,吾心之记籍也,而六经之实,则具于吾心。……而世之学者,不知求六经之实于吾心,而徒考索于影响之间,牵制于文义之末,硁硁然以为

是六经矣。"(《王阳明全书》卷七)

正是基于上述认识,阳明猛烈抨击当时在科举制度的影响下的学校教育。认为当时学校所教的、学生所学的,都已完全失去了"明人伦"的立学本意。阳明"明人伦"的道德教育目的论,虽然没有超出儒家思孟学派的一贯主张,然而,他在当时士人"皆驰骛于记诵辞章",重功利而轻修养的社会风气中,重新强调道德修养的重要,应该说是具有历史进步意义的。具体而言,他提出下列五个基本主张:

1. 静处体悟

这是王阳明早年提倡的道德修养方法。他认为,道德修养的根本任务是"去蔽明心"。因为道德修养无须"外求",而只要做静处体悟的功夫。他在《与辰中诸生书》中写道:"前在寺中所云静坐者,非欲坐禅入定,盖因吾辈平日为事物纷挐,未知为己,欲以此补小学收放心一段功夫耳。"所谓静处体悟,实际上就是叫人静坐澄心,摈去一切私虑杂念,体认本心。这是对陆九渊"自存本心"思想的继承和发展,与佛教禅宗的面壁静坐、"明心见性"的修养功夫,并没有根本区别。

2. 事上磨炼

这是王阳明晚年提出的道德修养方法。他认识到一味强调静坐澄心,会产生各种弊病,容易使人"喜静厌动,流入枯槁之病",甚至使人变成"沉空守寂"的"痴呆汉"。因此,他改而提倡道德修养要在"事上磨炼"。他说:"人须在事上磨炼做功夫乃有益;若只好静,遇事便乱,终无长进;那静时功夫,亦差似收敛,而实放溺也。"他所说的"在事上磨炼",那是结合具体事物,"体究践履,实地用功"。他举例说,"如言学孝,则必服劳奉养,躬行孝道,然后谓之学。"(《王阳明全书》卷二)很显然,王阳明在晚年重视"在事上磨炼",是他"知行合一"思想在道德修养方法上的反映。

3. 省察克治

王阳明说:"省察克治之功则无时而可间。如去盗贼,须有个扫除廓清之意,无事时将好色、好货、好名等私欲逐一追究,搜寻出来,定要拔去病根,永不复起,方始为快。"省察就是对照自身去做道德反省,从中发现不善的恶念与恶行;克治就是改正自己的缺点、错误。当然,省察克治并不是很轻松就能做到的。于是阳明用了"破山中之贼易,破心中之贼难"来比喻心中贼的顽疾。心中贼就是奸淫掳掠、财色名食之类恶习,它好像我们心中的强盗,对其根治实在困难;而每个人的道德缺陷并不相同,要尽力克制自己的贪欲和私欲,就要在痛处猛下功夫。王阳明主张要不断地进行自我反省和检察,自觉地克服各种私欲。这是对儒家传统的"内省"、"克己"修养方法的继承和发展,其中包含强调道德修养的自觉性和主动性的合理因素,是可以吸取的。

4. 贵于改过

王阳明认为,人在社会生活中总会发生这样或那样一些违反道德规范的过错,即使是大贤人,也难以避免。他说:"夫过者,自大贤所不免,然不害其卒为大贤者,为其能改也。故不贵于无过,而贵于能改过。"(《王阳明全书》卷二十六)他又说:"悔悟是去病之药,然以改之为贵。"这种"贵于改过"的主张,体现了求实精神和向前看的态度,是可取的。

5. 责备劝善

如果说"改过"是对己而言,那么"责善"(责备劝善)则是对人而言,即规劝别人改过。责善是与朋友交往时的一条原则。责善要讲究方式方法,切忌恶意相向,否则会让人无地自容,最终引起别人的恼恨;批评要委婉表达,有理有据,让人口服心服。这实际是人与人之间的相与之道。当然,责善必须有公允的态度,既不能固执己见,也不可因人废言。

阳明一生的讲学,也始终遵守"谏师之道",他既是开门授徒指点学业的先生,又是勇于修正错谬纰漏的表率。例如阳明与罗钦顺的学术交往就值得一提。罗钦顺对阳明把圣贤之学仅仅求之于内的方法提出了批评意见,阳明对此作了非常认真的回应,阐明阳明心学并不是"是内非外",而是认为内优于外、内重于外。这种回应,既对罗钦顺的批评意见做了反馈,同时又促使阳明作深刻的学术反省。

（三）论儿童教育

王阳明是一位善于因材施教的教育家,他以齐万物同观、融天地为一体的"赤子之心",敏锐地洞悉了少年儿童的性情特点,提出了符合规律、卓有成效的儿童教育原则及方法。他在《训蒙大意示教读刘伯颂等》一文中,比较集中地阐发了他的儿童教育思想。

1. 内心充满愉悦,进步就不会停止

大抵童子之情,乐嬉游而惮拘检,如草木之始萌芽,舒畅之则条达,摧挠之则衰痿。今教童子,必使其趋向鼓舞,中心喜悦,则其进自不能已。譬之时雨春风,沾被卉木,莫不萌动发越,自然日长月化;若冰霜剥落,则生意萧索,日就枯槁矣。(《传习录》中)(译文:一般来说,小孩子喜好嬉戏游玩而讨厌约束,就像草木刚萌芽的时候,让它舒展地生长,便很快就能够枝条发达,而如果受到了摧压,就很快会枯萎。如今教育小孩子,必要让他们顺从自己的喜好,欢欣鼓舞,心中喜悦,那么他们的进步自然不会停止。就好像春天的和风细雨,花木得到滋养,无不发芽抽枝,自然而然日新月异。但是如果冰霜来袭,花木就会萧索,日益枯萎。)

儿童教育必须顺应儿童的性情,一般来说,儿童的性情总是

好嬉游而厌恶拘束，就像草木开始萌芽时，顺应它就发展，摧残它就衰萎。因而，王阳明主张顺应儿童的身心特点对儿童进行教育，寓教于乐，使他们"趋向鼓舞"、"中心喜悦"，当他们遇到困难时，他们唯一的希望就是父母的宽容、理解和支持，这就是他们的春风和阳光雨露，会使他们重新寻回自尊和自信，心灵在爱的孕育下，自然会成长为参天大树。因此，现在教育孩子，一定要让他们不断受到激励，心中喜悦，则其进步就不会停止。可以说，王阳明的观点与现代心理学的看法是相符的。

2. 导之以礼，养之以善

若近世之训蒙稚者，日惟督以句读课仿，责其检束，而不知导之以礼；求其聪明，而不知善之以善；鞭挞绳缚，若待拘囚。彼视学舍如图狱而不肯入，视师长如寇仇而不欲见，窥避掩覆以遂其嬉游，设诈饰诡以肆其顽鄙，偷薄庸劣，日趋下流。是盖驱之于恶而求其为善也，何可得乎？（《传习录》中）(译文：当代教导启蒙儿童的人，只是每天督促他们句读功夫，严求他们约束而不知道用礼仪来引导他们，仅仅要求他们聪明，却不知道用善良来培养他们，像对待囚犯一样对待学生们，用鞭子打用绳子捆。小孩子们把学校看作监狱而不愿进入，把老师看作是强盗仇人而不想和他们见面，于是他们借机窥探、逃避、掩饰、覆盖，以便能嬉戏游乐，撒谎作假，肆意顽劣，日益变得层次低下。这是驱使他们作恶却又想他们向善，怎么可能达到呢？)

不顾儿童的身心特点,把他们当作小大人,不用善良来培养他们,只是打骂教育,这是传统儿童教育的致命弱点,他深刻地揭露道:"是盖驱之于恶,而求之为善也,何可得乎?"这种批判,真可谓入木三分,切中时弊。

"知己知彼,百战百胜。"其实在教育儿童方面,又何尝不是如此?只有真正了解孩子的内心需求,找出症结所在,然后对症下药,因势利导,才有可能把孩子的缺点改正过来。

有些学生的父母和学校的老师,对待那些犯有过错的孩子,不是从尊重人性、尊重人格的角度出发,而是一味从自己的角度要求孩子服从自己,有的甚至以简单的棍棒教育来代替沟通教育,就难免造成隔阂,引发孩子的抵触情绪。

人的心灵正如一块土地,如果不在上面栽上鲜花,那它就会长满荆棘杂草。所以,孩子在学习生活中,要想获得成功,拥有愉快和幸福,就应该用那高雅的事物、文明的方式来熏陶,潜移默化,以确保心灵不会因责罚而造成抵触,不会因放纵而误入歧途。只有导之以礼,才能养之以善。

(四)论学习原则

1. "自求自得"

自求自得的原则就是现代常说的"独立思考"的原则。在学习中运用这一原则,才能达到"深入心通"的境地。阳明说:"夫

学贵得之心,求之于心而非也,虽其言之出于孔子,不敢以为是
也,而况其未及孔子者乎!"(《答罗整庵》)(译文:做学问,贵在用
心体悟。即使是孔子说的话,用心体会了,觉得不对,也不敢就
把它当作是正确的,更何况对那些不如孔子的人所说的话呢?
用心体会后认为正确,那么即使是普通人,说出来的话,也不敢
认为是错误的,更何况是孔子说的话呢?)又说:"夫道,天下之公
道也;学天下之公学也;非朱子可得而私也,非公孔子得而私也,
天下之公也,公言之而已矣。"(《答罗整庵》)(译文:圣道是天下
的公道,圣学是天下共有的学,并非朱熹或是孔子能够私自有
的。对天下公有的东西,只能秉公而论。如果说对了,虽然与自
己的见解不同,对自己也是有益的;说错了,即使是与自己见解
相同的,也是害自己。)联系王阳明的圣人观,学贵"自求自得"的
原则,具有反对盲目崇拜的意义。就是说,任何思想的权威都必
须通过自己的独立思考的理性检验,反对迷信,反对绝对权威,
这些思想在当时,客观上起了解放思想的作用。

阳明的"心即理"的思维方式,表现在学习中的主张,如:

> 《六经》者非他,吾心之常道也。故《易》也者,志吾心之
> 阴阳消息者也;《书》也者,志吾心之纪纲政事者也;《诗》也
> 者,志吾心之歌咏性情者也;《礼》也者,志吾心之条理节文
> 者也。(《王阳明全书》卷七《稽山书院尊经阁记》)

在这里,阳明阐述了六经与心的关系。他认为,六经的本质

就是人心。这种"心外无理"的认识论强调了人的主观精神,重视学习主体思辨能力的发挥,起到了补救朱熹学派学习思想专讲穷理居敬的过失。顾宪成说:士人"骤而闻良知之说,一时心目俱醒,恍若拨云雾而见白日,岂不大快!"(《小心斋札论》)

2. 躬行实践,笃志力行

阳明38岁外放贵州龙场驿丞,主讲贵阳书院,从此开始讲授"知行合一"之学。

阳明"知行合一"学说的真精神是"躬行实践,笃志力行"。他认为,知与行是互相渗透的,"知之真切笃实处,便是行"(《答友人问》)。真知必能行,不能行必非真知。学习,只有通过行动和实践,才能求得真知。他说:"夫学、问、思、辨、行,皆所以为学,未有学而不行者也。如言学孝,则必服劳奉养,躬行孝道,然后谓之学,岂徒悬空口耳讲说,而遂可以谓之学孝乎?学射,则必张弓挟矢,引满中的。学书,则必伸纸执笔,操觚染翰,尽天下之学,无有不行可以言学者,则学之始,固已即是行矣。笃者,敦实、笃厚之意,已行矣,而敦笃其行,不息其功之谓尔。盖学之不能以无疑,则有问,问即学也,即行也;又不能无疑,则有思,思即学也,即行也;又不能无疑,则有辨,辨即学也,即行也;辨既明也,思既慎矣,问既审矣,学既能矣,又从而不息其功焉,斯之谓笃行。非谓学、问、思、辨之后而始措之于行也。是故以求能其事而言谓之学,以求解其惑而言谓之问,以求通其说而言谓之思,以求精其察而言谓之辨,以求履其实而言谓之行。盖析其功而言,则有五,合其事而言,则一而已。此区区心理合一之体,知行并进之功,所以异于后世之说者,正在于是。"(《答顾东桥书》)(译文:学、问、思、辨、行,都是所谓有学,从来没有学而不行的。比如说学"孝",就必须辛苦地服侍奉养父母,亲自实践孝道,才能称之为在学习孝道。难道仅仅是悬口空言,就可以说他在学习孝道吗?学习射箭,就必须自己张弓射箭,拉满弓以命中目标;学习书法,就必须执笔舔墨。所以天下的学习,没有可以不实践就算作学习的,因而学习的开始,本身就已经是实践了。笃,敦实敦厚的意思。已经去"行"了,就是指敦实敦厚地行,而且是切实地连续地下功夫。学习不可能没有疑问,便需要问,询问就是学习,就是行;之后,又不会没有疑惑了,所以便需要"思",思考就是学习,就是行;思考了还有疑问,便需要辨,辨析也是学习,也是行。辨析明白了,思考谨慎了,询问也很清楚了,学习也有收获了,加上不断地努力,这才叫笃行,而并非在学问思辨之后,才开始实践。所以学习是指追求做某事的能力,询问是指解除疑惑,思是指通达自己的学问,辨是指精密地审察,行就是具体地实践,从分析它们的功用的角度,可以分成这五个方面,但是把它们综合起来,则实际上只有一个。我的心、理合一成为本体,知、行并举的方法,之所以不同于朱熹先生的学说,原因就是在这个地方。)

　　阳明学与朱子学不同,朱子学强调学习,而阳明学强调实践,这种对实践的强调,特别体现在他一贯提倡的"知行合一"。照王阳明的说法,知而不行,就表示不知,还没有达到知的程度。

"未有知而不能行者",所以真正的知一定是付诸实践、表现于实践的,而行一定是包含着知,包含着认识、理解。

王阳明的"行"的基本内涵是"笃志力行"、"勤学好问"、"忠信乐易,表里如一"。

"笃志","为学之心也"。"凡学之不勤,必其志之尚未笃也。""力行",则行"须以本原上用力,渐渐盈科而进"(《传习录》上)即力行要从根基上下功夫,慢慢地循序而进。阳明讲的"笃志力行",讲得真切,足以发人深思。

(五)论教育方法

阳明的教育方法是对先儒之教育方法的吐故纳新,他将孔子"有教无类"的教育思想阐发为"人人具有良知,不分圣愚比比皆然"。阳明把"因材施教"做了进一步推动,认为人的资质不同,施教不可一视同仁,犹如良医治病,根据个体体质不同,需要施以不同剂量的药材。阳明惯用点化善诱的方法,深入浅出,意趣盎然。

1. 因材施教

他建议教师要充分注意学生的才力和特点。他用骑马射箭、步箭和远射的例子,说明学生各有所长,作为老师,要像良医对待病人一样,对症下药,才有好效果。师长教导弟子决不直情过当,过当反不容易被学生接受。过当与不及,都不是教育的上策。他对此有个著名的论断："狂者便从狂处成就他，狷者便从狷处成就他。"这是什么意思呢？狂者能勇于进取，狷者能有所作为。这里提出的不仅仅是教学方法问题，更是如何对待个性问题。阳明主张不要束缚个性，而是要张扬个性、成就个性，这便透露出近代思想的光芒。

阳明还说，童子只能格（探索）童子之物，童子只能致（推广）童子的知（良知）。这与现代心理学中讲科学用脑的适度律几乎一致。因材施教是教育中的不败定律。从事现代教育的人，尤需注意，对学生不要强其所难，这与阳明强调教育"随人分限所及"有相通之处。

2. 点化善诱

这是阳明教育教学方法的一个亮点。阳明所说的点化，就是开悟的意思。学贵在自得，而且还要举一反三，触类旁通；对于内容要随时反思，随时领悟，达到融会贯通。领会了这一点，就会明白阳明的点化虽然只在一点上发力，可是却能够取得立竿见影的效果的原因。他有这样一段话：

> "先生譬如泰山在前，有不知仰者，须是无目人。"先生曰："泰山不如平地大，平地有何可见？"

阳明的机智在这个对话中，表现得非常明显。学生一般只是看到事物的表象，而阳明则总是伺机提升弟子的觉悟，抛出相反的、更深刻的东西。你说别人是圣人，我就说你是圣人；你说是异事，我就说是平常事；你说泰山大，我就说不起眼的平地更大。关于平地大的说法，揭破了学生中的自大心理，令"在座者莫不悚惧"，可见他的学生受教之深和其教育教学法之穿透力。

透过他的精彩作答，可以发现他那点化之功的神奇威力。即使是愚笨之人，阳明也是直指本心之教而为之点化。

> "乡人有父子讼狱，请诉于先生，侍者欲阻之。先生听之，言不终辞，其父子相抱恸哭而去。"
>
> 柴鸣治（阳明弟子）入问曰："先生何言，致伊感悔之速？"先生曰："我言舜是世间大不孝之子，瞽瞍（舜之父）是世间大慈的父。"

是什么原因使这对父子深受感动，心服口服呢？阳明给其弟子柴鸣治讲道，舜自以为不孝，反思自己在孩提时代得到父亲的百般疼爱，所以能孝；瞽瞍自以为慈，不知道自己的爱心已转移到后妻，所以不能慈。阳明利用此例告诫弟子，假定自己一贯正确，旁人一贯错误，那么他一定会犯错误，在家庭和睦上，一定没有作为。只有舜那样谦虚谨慎，反躬自问，才是正确的相与之道。阳明教人、育人，其精微伟大之处，在于随时随事点化学者，启其是非之心，而丝毫不掺杂自己的成见，故他能多阐发独到之见。

明代中叶以后，王阳明创立的"心学"教育理论，以反传统教育的姿态出现，风行了100多年，曾产生重大的影响。

第五章　王学的传播地域

　　王学的传播史,就其过程来说,首先与王阳明的讲学历程和讲学方式有非常密切的关系;其次又与阳明门人后学的传承力度和会聚强度密切相关;最后还与各地的文化传统、生活习俗存有互动联系。

　　据粗略统计,王阳明一生至少到过浙江、江西、上海、江苏、安徽、湖南、贵州、福建、广东、广西、云南、北京、山东、河南和河北。其中云南、河南、河北,只是到过而未讲学,福建、山东是否讲过学,还有待考证。其他省份或深浅地留下了阳明讲学的足迹。至于阳明门人后学的分布情况,除以上所列外,还要加上湖北、海南、陕西、山西、四川等省。可以说,阳明学的传播区域,几乎囊括了大半个中国,并且还从南、北两个方向分别向周边国家传播,最终形成了日本阳明学派和韩国阳明学派,使阳明学最终成为近代东亚地区的主流思潮之一,这是王学传播的一大收获,也是儒家文化与周边国家传播链中的成功范例之一。

(一)王学在浙江

阳明学在它的发源地——浙江的路径是极不平衡的。阳明学的创设于浙东地区,传播于浙中、浙西地区,而受阻于浙北的部分地区。即阳明本人讲学两浙,曾以浙东的宁绍地区为中心,然后扩展到浙中的金华、衢州以及浙西的杭州、嘉兴等地;唯有阳明足迹从未到过的地处瓯越文化中心的温州及其周边的台州、处州(今丽水)等地,不仅影响力微弱,而且真正称得上阳明学者的人也很少,这与其他地区形成鲜明对照。那么,阳明学对于有着丰富地域文化资源的浙南地区又意味着什么呢?王阳明本人虽未在浙南地区讲过学,但他的好友和弟子黄绾却在浙南活动多年,他的崇信者项乔、王激、王叔杲等人曾接引过许多浙南弟子,他的好友张璁在浙南影响力也不可小视。故此可以说,阳明学对浙南地区产生过影响是毫无疑问的。

应该指出,阳明学进入浙南后所遇到的特殊困难,一方面是由于浙南有悠久的理学文化和实学文化的传统。浙南的理学文化,可谓源于其悠久的程学传统。在面对朱子学时,这种文化上的优势地位便充分地显示出来。据陈荣捷统计:以知名者而言,朱子门人有四五百之众,其中有籍贯可考者中,浙籍 11 州共有弟子 80 余人,而以温、台之浙南地区为最多(19 位),金华、衢州、处州之浙中地区次之(35 人),宁波、绍兴之浙东地区再次之(15人),严州之浙北地区又次之(7 人),杭州、嘉兴、湖州之浙西地区则最少。(见《朱子门人》)浙江朱学之盛,可见一斑。浙南的实学文化,则源于由程学转化而来的经世事功传统,永嘉学派是其突出代表。另一方面,也是因为浙南地区有独特的科举之盛名。南宋以后,朱子学在逐渐上升为主流思想的同时,朱子的语录、集注还成了科举考试的标准答案,科场完全被朱子"议论"所统治,而阳明学却始终游离于朝政与乡政之间,与科场举业基本无缘。故此,科举文化繁盛、科举人才众多的浙南地区,自然会从功利的立场出发,亲近朱子学而疏远阳明学。

当然除了文化土壤,影响浙南地域文化的形成发展的因素,还有那里的地理环境。创生于越中的阳明学在向浙南的传播过程中,即受制于崇山峻岭的重重阻隔,而全然不同于水陆驿站皆通、传道路径主要通过水路进行的浙江其他地区。

随着学术中心的转移,两宋时期繁荣的浙南学术,到了明代,虽有状元宫谕周旋、榜眼尚书王瓒、首辅张璁等政治人物先后登场,但学术明星则明显少于两宋时期,到了明代中叶,浙江学术中心东移有了进一步加速的趋势。在这样的地域文化和自然环境下,地处相对偏远的浙南地区,当创生于越中的阳明学说,在向周边地区扩散的过程中,在浙南遇到的困难和挫折,是要大大超过其他地区的,因而浙南文化就出现了被逐渐边缘化的趋势。

（二）王学在黔中

王阳明在龙场悟道是黔中王门形成的重要契机。

正德三年（1508），阳明被贬谪到距离贵阳40余公里的龙场驿（今修文县）任驿臣。他克服了一般人难以想象的困难，终于悟出了"圣人之道，吾性自足，向之求理于事物者误也"这一阳明心学的基本理念，这就是被后人称为"龙场悟道"的阳明心学体系建构的重要阶段。

"龙场悟道"是阳明早年思想变迁之一大拐点，故称黔中为王学之"始基"，实不为过。而"过化"即教化，是就阳明之"为教"而言；"悟道"是就阳明的"为学"而言。如果说"过化"强调的是阳明在贵州的教育开化，那么"悟道"便是凸显阳明在黔中的思想创设，它对黔中地区在阳明学形成过程中的首肯是显而易见的。

如果说弘治年间的阳明洞修道是阳明思想的萌芽期，正德初年的京师论道是阳明思想的形成期，那么正德三年的龙场悟道便是阳明思想的转折期，而正德末年至嘉靖六年的越中征道则可谓阳明思想的成熟期。

事实上，从嘉靖初年到万历末年的一百余年间，作为王学"始基"的贵州地区，也的确为王门贡献过一大批阳明学传人。近年来，贵州学者发现的《镇远旅邸书札》，是阳明于正德三年（1508）离开贵阳赴庐陵途中，写给贵阳弟子的一封信件。它的唯一价值就是在信中所提及的两三位有名有姓的阳明弟子。这份"弟子名录"，事实上为我们提供了考察阳明贵州籍弟子的一个重要视窗。信中提到的那两三位阳明黔中门人中，最为突出的是陈宗鲁、汤伯元、叶子苍三人。

陈宗鲁，贵阳人，阳明很器重他，曾作《赠陈宗鲁》诗一首。从诗中可看出，阳明对他的教诲十分真切，寄托的希望也特别大。宗鲁于正德十一年（1516）举乡试，曾任耀州知州，能独善其身。不做官，就回贵阳潜心研究王学和诗学。其门人曾为他的诗作编为《陈耀州诗稿》二卷。

汤伯元，贵阳人，正德十六年（1521）进士，历任南京户部郎和潮州知府。他曾在龙场师从阳明，著有《逸志闲录》。万历年间，郭子章《黔记》称："宗鲁得文成之和，并擅词章；伯元得文成之正，具有吏治。"可以说是对阳明这两位黔中高足的恰当评价。

叶子苍，正德八年（1513）举人，曾掌教新化，与徐爱有往来。后在贵州镇安县任知县，著有《凯歌集》。阳明对他的评价较好，曾在《寄叶子苍》书中称赞说："子苍安得以位卑为小就乎？苟以其平日所学熏陶接引，使一方人士得有所观感，诚可以不愧其职。"（引自［日］永富青地《新刊阳明先生文录续编》）

阳明去世后，陈宗鲁、叶子苍和汤伯元等数十人，曾联名上书给当时巡抚贵州的监察御史、浙江奉化人王杏，"请建祠以慰士民之怀"。于是王杏便在贵阳赎白云庵旧址立祠，并置膳田以供祀事。该祠可能属于最早修建的阳明祠之一。次年，陈宗鲁与叶子苍又连同曾任贵州都司的赵昌龄一起，协助王杏校刊了

《阳明先生文录续编》。足见黔中王门的热情,其热度也绝不亚于阳明学的发祥地浙中及其重镇江右(江西)。

对贵州的文化学术事业真正起过推动作用的,还是阳明离开贵州后,由其后学培养的几位传人,如贵阳的马廷锡,清平的孙应鳌、蒋见岳,都匀的邹元标、陈尚象、余显凤、吴铤和艾氏三兄弟,思南的李渭、冉宗礼、胡学礼等。当时黔中的王门后学,以贵阳、清平、都匀、思南等地为主要活动区域,且大多围绕着当地的几所书院来传播阳明学说。贵阳有马廷锡主持的"阳明书院"、清平有孙应鳌创办的"学孔书院"、都匀有邹元标主持的"讲学草堂"以及陈尚象等人设立的"南皋书院",思南有李渭主讲的"求仁堂"。在这些书院受过教育的有数千人之多,从而为偏远的贵州地区带来前所未有的学术繁荣和文化高潮。

还有一位值得一提的叫李光霁的学者。李光霁(1495—1570),蒙化府(今属云南)人。其父恒斋,任贵州宪长,适阳明谪居龙场,于是便让他和兄长跟从阳明学习,后成为阳明的得意门生。正德八年(1513)中举,嘉靖十一年(1532)授重庆府通判,十五年(1536)迁知绵州,后改任西安府同知。历官十余年,兴修水利,惩治贪官,政绩显赫,备受爱戴。辞官回乡后,又授徒讲学不辍。李光霁是王阳明在贵州时期培养的为数不多的滇籍弟子之一,曾对云南的文化教育事业做出过一定的贡献。

研究表明,王学的核心区域有四处:

浙江绍兴地区:它是王学的发祥地和阳明学说的成熟地,又因它靠近政治中心和经济繁荣地,受到的禁学术、毁书院的压力最大,迫害最深,衰微也最快。

江西吉安地区:它是王学的发展地和极盛地,在朝的王门弟子最多,官也做得最大,拥有层层保护伞,故而传承最久、辐射最广,影响最大,对宗法社会的渗透也最深,在晚明又与东林党人有重合互动的趋势。

江苏泰州地区:它是王学的创新地和变异地。它也靠近政治中心,但偏离经济繁华区域,该分支较为杂乱,师承关系混乱,学术宗旨各异,是南北思想交汇、平民学术崛起的反映,故而思想系统也别具一格,大有与绍兴地区分庭抗礼之势。

广东潮州地区:它是王学的跨文化互动的融合处。它是粤中的心学、江西的理学、楚中的理学、浙中的心学等几大学术力量的交汇处,故而也有勇气超越不同地域文化、融合各路思想流派,尤其是阳明心学,开出了颇有特色的粤中王门。

作为王学传播的重点区域和主要区域,浙中集中于绍兴,江右(江西)集中于吉安、赣州,南中集中于滁州和池州,粤中集中于潮州等地,黔中集中于贵阳等地。

第六章　王阳明的传人——弟子

在阳明门下,有一大批自称"弟子"或"门生"的人,他们中的不少人与阳明之间存在着一种松散型的联系,师承关系比较模糊,往往只因问学、游学而称师,究竟是否入门则不甚明确。故此,师门之界与师门之道一样,历来是王门高足们热评的问题。按欧阳修的定义:"其亲授业者为弟子,转相传授者为门生。"这就是说,"弟子"是亲聆授学者,又称门人、生徒或学生,而"门生"的范围则要宽泛些,再传弟子可算做门生,依附名势而进者,亦可称门生,科考及第者对主考官同样可自称门生。如果把"门生"也算在"弟子"的范围内,那么阳明的弟子人数恐怕远远超出两三千人。

这里涉及"师道"与"师人"的关系。阳明的弟子钱德洪强调"师道"而非"师人",他说:"韩子曰:'道之所在,师之所在也。'夫道之所在,吾从而师之,师道也,非师其人也。师之所在,吾从而北面之,北面道也,非北面其人也。"应该说,这里符合阳明思想的,也是钱德洪为捍卫阳明学说而对后来者立下

的一条重要原则。如此一来,入(王)门的标准问题也就迎刃
而解了。

(一)弟子成分

如果以王阳明讲学事业的发展历程而言,阳明讲学教化的
范围应有一个不断扩大的过程。这就是:阳明开始讲学时,主要
关注的是士人以个体身心修养为内容的自我教化,后来才把注
意力更多地转向各个阶层,尤其是普通人的社会教化问题。

为了适应这种教学重心和教学对象的转变,阳明的讲学方
式也从开始时的完全依托学校书院,而转为以社会、宗族为平
台,不拘形式,"随地讲授",即使在军务倥偬中,亦"倚马论道",
讲学不辍。

一般来说,阳明弟子的主要成员来自四面八方,即学有所成
的著名学者和民间处士、各级政府官员和乡间绅士、备举子业的
地方生员以及随其征战的部分属僚和军队官兵。前者在阳明学
派中,一般教授师即助教的角色,承担着讲授和宣传阳明学的职
责,对阳明学的义理解读和精神阐发,发挥过重要作用。中者,
一般扮演从财力等物质资源上资助和推动学术活动的职责,对
阳明学的讲会活动的创设与普及,起到过积极作用。后两者,则
是参与讲会活动的最大群体,也是维系学术活动兴旺发展、繁荣
宗门的主要力量,更是阳明学派聚集人气的重要资源。

（二）年龄结构和讲学形式

阳明的讲学内容可分为两部分，一方面"只与朋友讲学论道"，另一方面又"教童生习礼歌诗"。所以以其门人弟子年龄结构，亦由两种人组成，即成人（包括个别老人，如林司训79岁，已近耄耋之年；董澐、钱蒙皆六十多岁，比阳明大十多岁）与儿童。随着讲学之风的兴盛，浙中那平等的、无视权威的教学之风，迅速漫延到周边各地，从而进一步加速了阳明学派年龄结构的多元化和讲学形式的多样化。阳明讲学手段多样化的主要表现形式是：既有经书解读、义理分析，又有吟诗诵文、音乐戏曲，还有下棋作画、游戏玩耍。对未成年人、文化程度低的人，吟诗诵文、游戏玩耍便可以说是最适合的教学方法，而音乐戏曲、下棋作画又是易于被所有受众接受的辅助手段之一。甚至可以说，只要能让入学者达到人格上的升华与德性上的入圣，采取任何手段都是可以的。那样做，无疑与阳明学派成分的多元化有着密切的关系。

（三）讲学的五个时间段

根据《年谱》较为可信的史料记载，阳明聚徒讲学大致有五个重要时期：一是弘治十八年至正德二年，在京师与湛甘泉等人授徒讲学时期；二是正德三年至五年在贵阳授徒讲学时期；三是正德六年在滁州授徒讲学时期;四是正德十三年前后,在江西,边执行公务边授徒讲学时期;五是正德十六年至嘉靖六年,在越(绍兴)授徒讲学时期。

阳明聚徒讲学的定位,可以这样说:如果讲的是学脉之"发端",则当以绍兴为首选;如果讲的是个人之"悟道",则当以龙场为首选;如果讲的是"从游之众",则以滁州为首选。龙场讲学是以当地百姓、包括少数民族为主要对象,滁州讲学是以仕人为主要对象,南赣讲学是以军旅随行人员为主要对象,而越中讲学,则以各阶层人士为对象。

至于弘治十五年,阳明筑室阳明洞期间,是否有讲学之举?这一时期的道友是否可算得上阳明弟子?从现有史料看,这一时期与阳明经常在一起的,仅有王文辕、许璋、王琥等数人,他们是阳明"所亲爱"的志同道合者,是道友而非弟子。

第七章　阳明后学

作为我国"心学"思想的集大成者,王阳明创立的"阳明学派"是明代中后期的一个思想活跃、影响深远的学派。到晚明时期,阳明心学广泛流行,一度似乎成为我国理学发展的又一个高峰,从而取代了程朱理学的地位。

阳明的思想主旨,在不同时期有所变化,本身理论也不可能尽善尽美。在教学中,阳明根据弟子资质、性格特点、程度差异而采取不同方法,使得弟子们对其学说的理解与吸收,呈现出不同的侧重,形成多样的风格。故王学的分化在阳明生前,就已经开始;在他去世之后,许多弟子创立新说,各立宗旨,彼此之间争论不休。这样,一方面导致王学分化不断加深,同时也促进了王学的发展。

"阳明学"指阳明本人及其弟子的思想学问与知识活动。"阳明后学"专指其弟子(包括亲炙弟子、再传弟子以及私淑弟子,私淑弟子指崇敬王阳明而不能直接从学者,自称为王阳明的私淑弟子)及他们的思想学说。"阳明后学",至少有两种意涵,其一是作为学派群体的意义，指以王阳明为思想宗师，追随阳明良知心学立场的儒家士子群体；其二是作为学术流变的概念，也可以称为"后阳明学"，即在阳明之后诸多弟子推崇良知心学的思想学问与知识活动。其所涉及的时间跨度，大约是阳明到刘宗周（明代最后一个大儒）这一百多年的时间。阳明后学属于阳明学的重要组成部分。阳明学在中国思想史上占据很高的地位，就是因为其众多弟子的大力传播和竭力发展。如果没有众多弟子，阳明学恐怕又是另一番景象了。

关于阳明后学派别的划分，黄宗羲在《明儒学案》中按区域的不同，把阳明后学分为浙中（浙江）、江右（江西）、南中（江苏、安徽）、楚中（湖南、湖北）、北方（河南、山东等地）、闽粤（福建、广东）等六派，再加上独特的泰州学派，共列七门。本书以浙中、泰州、江右三大王门和被黄宗羲所遗漏的重要的王门后学——黔中王门为重点，以窥阳明后学的发展和演化的历史，揭示其主要的学术观点。

（一）浙中王门

浙江是王阳明的家乡，也是他讲学的重地。浙中王门是指流行于浙江余姚、山阴、会稽等地的阳明后学，以阳明最著名的两大弟子王畿、钱德洪为代表。该王门思想并不一致，可分为现成派与修证派。现成派代表为王畿、周汝登、管志道；修证派代表为徐爱、钱德洪。特别值得一提的是刘宗周和黄宗羲师徒二人。刘宗周是明代最后一个大儒,被称为"王学殿军",也是阳明学完结的标志。黄宗羲是王学的转型者,开启了新的学术方向。因为这两人都是浙江人,又受王阳明的很大影响,所以就划属于浙中王门。

1. 王畿

王畿(1498—1583),字汝中,号龙溪,浙江山阴人,与王阳明同宗。

嘉靖五年,王畿按照阳明的要求参加会试,与钱德洪一起,同时中进士,两人在阳明"身心之学"精神的影响下,对功名利禄比较超脱,都不愿再参加廷试。人们都想做官,他们却不以为然,实在难能可贵。

阳明晚年居越讲学,王畿相伴左右,阳明此时的思想非常纯熟,对王畿风格的形成有着极大的影响。王畿是浙中学派的创始人。

王畿之学,从先天本正之心着眼,故可称为"先天正心之学"。先天正心,主要得于阳明晚年"致吾心良知所知之天理于事事物物,则事事物物皆得其理"之旨。阳明此旨,本有正负二面。正面功夫是对利根人的;利根人心体莹彻,渣滓浑化,物欲对良知的遮蔽较轻,故功夫重在保证良知流行。负面功夫是对钝根人的;钝根人心中扰扰,杂念纷驰,良知遮蔽较重,故功夫重在省察克治。良知所知之善则奉行,良知所知之恶则克去,致良知的过程,就是在具体事物上为善去恶之过程。王畿先天正心之学主要吸收了王阳明的正面功夫,以良知天理为先天本有,后天功夫只在保任此良知本体,使良知随处充满,后天所起之意无所容身,故王畿之学首辩先天之心和后天之意。

王畿虽然是理学家,但他的学说中容纳了相当多的生趣。他也讲乐,如:"乐是心之本体,本是活泼,本是洒脱,本无挂碍系缚。"(《王龙溪先生全集》卷三)但他的乐,不是自己的道德力量战胜感性欲望获得的心灵愉悦,他的乐是本体的,是先在的。他的修养方法是提掇出人性中光明的一面,以此为主,去泯没、消融人性中阴暗的一面。所以他主张不起念,有无不立,善恶双泯,让至善之性流入形下心体。这是王畿先天正心之学的本义。

王畿自视甚高,为学喜欢走高明向上一路,用阳明话说,合于"上根人"。他著名观点是"四无说",认为心是无善无恶,那么意、知、物自然也是无善无恶的。称钱德洪的观点为"四有说",它是权法,不是最高宗旨。认为良知先天本有,完全不需要后天修炼的功夫,功夫只不过是保持涵养本来就具有的良知本体,因此说王畿的思维模式开启了"现成良知说"。他的缺点在于片面地诠释了良知本体的一面,却消解了致良知作为道德实践功夫的维度。同时,其学有浓厚的禅味,甚至被人讥讽为"阳明禅"。

王畿对阳明学的传播、发展起了非常重要的作用,是阳明学的核心人物,也是最具有争议的人物。阳明学因他得以盛行,也因他造成空疏的弊端。著有《龙溪全集》20卷。

2. 钱德洪

钱德洪(1496—1574),名宽,号绪山,浙江余姚人。

明嘉靖十一年,与王畿同登进士第。正德十六年,王阳明省亲回余姚,钱德洪率门生 74 人迎请于中天阁,拜王阳明为师。正德二十八年开始,先后通过"南浦大会"、"水西会"、"江浙同志大会"等,大大扩大了阳明学的影响。正德四十一年,与罗念庵考订《阳明年谱》,次年四月《阳明年谱》修成。

钱德洪禀学在王阳明平濠归越后,故习闻阳明晚年致良知之语。钱德洪资性笃实,功夫路向与王畿不同。德洪主张后天意念上为善去恶,以此回复先天之性。王畿则主张不起念,以保证先天至善在心中流行。

钱德洪之学,以后天诚意为主。他认为后天诚意是王阳明全部学术的重点所在。又认为后天诚意,从初学以至圣人,皆是功夫。后天诚意非专为中下根人而设,这实际上已经否定了王阳明所说后天诚意之学是为中下根人立教的说法。德洪对于王畿先天正心之学在理论和实践两方面造成的弊病,也有痛切的指陈,他指出,格物与诚意,是目的与手段的关系。以先天为重心,必然忽略后天格物功夫。这与王阳明"格物就是致良知"、"致知在于格物"之义背离。更重要的,心作为认识主体,应感无方,活泼健动。王畿的有无不立、善恶双泯是强禁绝本自健动活泼的心,窒塞人最宝贵、最具活力的东西。在心所起意念上省察克治,到功夫圆熟时,心体自能寂,性体自能显。此即阳明所谓

"诚意致极,止至善而已"之义。

钱德洪与王畿对王学基本理念相同,但两者的差异也很明显。王畿重本体,德洪重功夫;王畿重"悟",德洪重"修"。他针对王畿"四无",主张"四有",强调后天功夫的重要性,提出"后天诚意说"。他认为良知心体虽先天具有,但也往往被发动后的意念所杂染,因此必须在后天意念上做切实的为善去恶的功夫,才能保持或恢复良知本体,否则离开功夫谈本体,就会养成虚狂学风。钱德洪重功夫的笃实品格,在哲学史上被有的学者赞扬他坚守了阳明宗旨。

(二)泰州王门

泰州王门是中国历史中第一个真正意义上的思想启蒙学派,它发扬了王阳明的心学思想,反对束缚人性,引领了明朝后期的思想解放潮流。

泰州王门创始人王艮师承王阳明。他长期在小生产者阶层中讲学,从者云集。泰州学派的信徒有上层官僚地主、知识分子,还有下层劳动人民。他们大都致力于封建道德的普及和宣传工作,力倡"百姓日用"之道。规劝人们安分守己,因此泰州学派一度受到朝廷的青睐,成为晚明的显学,代表人物有王栋、徐樾、赵贞吉、何心隐、李贽和徐阶等。

1. 王艮

王艮（1483—1541），原名王银，字汝止，号心斋。江苏泰州安丰场人。阳明因他为人张扬，行事离奇，告诫他不要意气太高，根据《周易》艮卦义，为他改名为艮，字汝止。他曾随父兄在煎盐的亭子里干活。他经商时，自学儒家经典，克服基础差的困难，终于能随口谈经讲论。38 岁时，穿古服去江西见王阳明。通过交谈、辩论，最后心悦诚服地拜阳明为师。以后，阳明归乡讲学，王艮相从，在门下八年。回到泰州，王艮性格已慢慢平实下来。阳明去世后，王艮自立门户。他出身低微，文化不高，没有像当时的士子走科举入仕之路，却开创了很有影响的泰州学派，这在中国思想史上是罕见的。

王艮认为，圣贤与百姓的区别，就在于圣人自觉此良知，安于此良知。贤人去欲复理，追求此良知。一般人则"日用而不知"，待先觉教化。但教化时，他只是指出，百姓之良知与圣贤之良知本来相同，所以王艮提出"百姓日用即道"。"百姓日用即道"是他对于良知存以上看法的一个自然结果。

王艮的"百姓日用即道"有两个方面的意思：（1）百姓日用常行中体现出来的不假思索，不用安排，自自然然，简易直接的方式就是道，道与事物的自然规律则为一；（2）圣人之事即百姓日用之事，圣人之道就是百姓穿衣吃饭。这两方面的思想皆来源于王阳明。王阳明曾说："与愚夫愚妇同的，是谓同德；与愚夫愚妇异的，是谓异端。"又曾教导弟子："你们拿一个圣人去与人讲学，人见圣人来，都怕走了，如何讲得行！须做得个愚夫愚妇，方可与人讲学。"（《传习录》下）在王阳明这里，"与愚夫愚妇同"，从形式上说，良知人人皆有，天然完足，虽然愚夫愚妇不少亏欠，愚夫愚妇的良知与圣人的良知同。从内容上说，所谓良知天理，无非是百姓日用常行之事。讲学讲百姓日用常行，就是讲天、道、性、理等玄妙高深的道理。王艮的"百姓日用即道"对王阳明以上两个方面的思想都有继承：第一方面，导出他良知当下即是，无须深究远求；第二方面，导出他的教化俗，从精英文化转向平民文化的道路。

王艮认为良知人人都有，那么圣人和百姓的道、良知也是一样的。圣人并非远离普通百姓，高高在上，圣人之道就是表现在普通百姓的日常生活之中，这是泰州学派的主要观点。他还逻辑地推导出"明哲保身"论，强调保护自身肉体的重要性，把感性生命与伦理道德等同看待。他肯定了物质欲望，这在主张"存天理、灭人欲"的时代，成为一种开启思想解放运动的意识。

2. 罗汝芳

罗汝芳（1515—1588），字惟德，号近溪。江西南城人。

嘉靖三十二年中进士。担任过刑部主事，云南屯田副使等职。他曾偶然经过一个僧寺，看见有"急救心火"的榜文，以为是名医治病，就去拜访。一看，原来是颜钧在聚徒讲学。听了颜钧的讲学，觉得颜钧学说真能够救他心火，并拜颜钧为师。后颜钧下狱，罗汝芳尽其家产为他开脱，并在狱中侍候六年。

罗汝芳提出"赤子良心,不学不虑"的观点,将良知现成的思想发展到极端。他的学术以《周易》"生生之谓易"融合《大学》、《中庸》,以生生之仁为宇宙法则,以人为宇宙大道的根本体现,以孝悌慈为此生生法则的具体应用,以浑沦顺适为功夫要领。

在他看来,孔子所谓仁、孟子所谓性善、《中庸》所谓天命之性、《大学》所谓明德亲民,用《周易》之"生生不已"就可以包括无余。生生之仁统摄宇宙,世间的一切,都是生生之仁的体现。而其中最切近的,莫过于人的生命传衍,而人的赤子状态,最好地体现了这种生生法则。

罗汝芳说:"天初生成,只是个赤子;赤子之心,浑然天理。"赤子之心,尚未接受人世间物欲的熏染,其心最直接、最完全地体现了宇宙法则,所以"浑然天理"。赤子之胎,便表现出爱恋母亲。这个爱根即是仁,自觉这个爱根,将之贯彻于人伦日用,便是圣人。

罗汝芳是泰州门下最为杰出者,与王艮同归为"自然派"。他集王艮与王畿所长,与王畿并称"二溪"。他认为良知是不学不虑,当下具足的,发展了"良知现成论"。他继承了王艮"百姓日用即道"的思想,借童子捧茶谈日用功夫。童仆为主人捧茶来,知道该怎么做,自自然然不会有闪失,"道"就在其中。这种于日常生活中指点良知的风格,浅易明快。这样"道"不再是精英士大夫的专利,而是百姓日用生活中已经完成或正在做的东西。他还强调"孝悌慈"等传统儒家的伦理,而且更多地容纳了世俗化的内容。从王艮经颜钧到罗汝芳,已经是阳明的四传,泰州王门的学风,不断变得世俗化、宗法家俗化、平民化。

(三)江右王门

江右(江西)王门是阳明学的重镇。王阳明一生在江西的时间很久,他的军务政事、讲学等许多活动都在江西。

江右学者在阳明后学中,人数最多,阵容最强,对阳明思想的继承与发展起了重要作用。江右诸子非常活跃,在当时思想界有着广泛的影响,可是彼此之间的学术观点比较复杂,差异也大。其中邹守益、欧阳德以信守师说而著称。聂豹、罗洪先则因提出"归寂"说而尤显特别。

王宗羲对江右王门评价甚高,认为只有他们得到了阳明真传,发展了阳明未尽的学旨。

1. 邹守益

邹守益(1491—1562),字谦之,号东廓。江西安福县北乡澈源(今江西省安福县连村乡新背老屋里村)人。正德六年进士,授翰林院编修。第二年,父亲去世,丁忧归家。正德十四年,第一次见到王阳明。听了阳明论学后,大有所获,拜其为师。后随阳明平宁王之乱,立有战功。嘉靖三年,在"大礼仪"之争中,被贬为德州,建复初书院讲阳明学。

邹守益之学,以"戒惧"为宗旨。王阳明认为:"只是一个功夫,无事时固是独知,有事时亦是独知。……戒惧即是知,已若

不知是谁戒惧？如此见解便要流入断灭禅定。"（《传习录》上）
（译文：都只不过是一个功夫，没有遇到事情时固然是一个人知
晓，遇到事情时也应当独立思考。戒惧是自己知道的功夫，如果
自己并不知道，那是谁在戒惧呢？这类见解，会沦入佛教的断灭
禅定中去。阳明这个观点，本于他的良知常精常明，无有灭息之
时的理论。邹守益继承了阳明的这一思想，把戒惧作为道德修
养功夫的全部内容。在邹守益这里，戒惧也即孔门所谓"敬"，他
说："圣门要旨，只在修己以敬。敬也者，良知之精明而不杂于尘
俗也。"由此可见，敬、戒惧，目的在于不使良知污染，保持精明状
态，只有良知精明，才能流行所至皆合理，是非判断皆中节。在
邹守益，戒惧是功夫，良知是本体。良知本体即天理，其流行自
有天然之中。）

　　邹守益认为，戒惧不能离开人的感性欲望，离开感性欲望，
戒惧功夫便是空。友人刘师泉曾把声色货利比作雾霭魑魅，邹
守益对此持截然相反的意见。他认为，喜好声色货利是人的本
性，声色货利本身并不是恶，只要做到心地廓然大公，物来使之
皆合理，则声色货利并非心体的障蔽，他说："形色天性，初非嗜
欲，惟怪践形。只是大公顺应之，无往非日月，无往非郊野鸾
凤。"这同王阳明的思想是一致的："七情顺其自然流行，皆是良
知之用，不可分别善恶，但不可有所着；七情有着，俱谓之欲，俱
为良知之蔽。""能致得良知，精精明明，毫发无蔽，则声色货利之
交，无非天则流行。"（《传习录》下）（译文："喜、怒、哀、惧、爱、恶、
欲这七种情感，顺其自然地运行，都是良知在发生作用，不能认

为它们有善恶的区别，更不能对它们太执着；如果执着于这七
情，就成了‘欲’，都是良知的阻碍。”“如果能精明地致良知，没有
丝毫蒙蔽，那么与声色货利交往，也都是天理的自然运行了。”）。
邹守益认为，戒惧以使心廓然大公，保持良知本体，则声色货利
各得其宜，这是“导”的方法。强禁绝使之不生，是“遏”的方法。
他同意导欲而反对制欲。

邹守益最根本的思想是“戒惧”说，“戒惧恐惧所以致良知”，
以“戒惧”作为道德功夫的全部内容，坚持“由功夫以悟本体”的
路径，吸收宋儒的涵养省察的功夫。通过渐修功夫求得良知心
体，以诚敬态度对良知进行探求，被称为功夫派。

邹守益对王门后学中偏离阳明宗旨的学者多有批评，指出
王畿等人走得离阳明太远，太让人惊骇。邹守益一面反对只重
本体、忽视功夫的“良知现成”说，另一方面批判“归寂”说，割离
了动和静。认为如果动、静分离，体、用为二，则分明是隔离了心
体。可见，邹守益对阳明思想把握得比较准确、实在，故受到明
代后期大儒刘宗周的褒扬。著作有《东廓文集》、《诗集》、《学脉
遗集》等，今有《东廓邹先生遗稿》传世。

2. 聂豹

聂豹（1486—1563），字文蔚，号双江，谥贞襄。江西永丰人。
明正德十二年进士。官至兵部尚书。聂豹生前虽与阳明有一面
之晤，但并未入门。阳明去世后，在钱德洪、王畿的见证下，设位
北面而拜阳明，始称弟子。嘉靖二十一年，因事下狱。在狱中闲

久静极,悟见自己心体光明,感到万物皆备于我,身心感到充实快乐,渡过了难关。他认为这个方法好,后来就一直强调静坐法,故而他提出了独特的"归寂"说。

聂豹的为学宗旨是"归寂"。这里的寂是境界或本体,不只是心的暂时寂静状态。归寂就是使憧憧往来、意念纷扰之心返归其湛然澄澈、空无一物但又无物不照的本来面目。归寂才能通感,有归寂功夫,才能更好地观察、反应外物。归寂首先须认定心体本寂。而阳明弟子中,有人继承了阳明"心无体,以万物感应之是非为体"的思想,认为心无定体,心无时不发,无时不感,所感所应的内容,即心之体。

寂与感是相对而言。寂指不动的本体、未发之性,感是感物而起的发用、已发之情。其实,阳明虽然也曾强调过静坐法,却是有针对性的,从来没有把它看作最高学旨。

聂豹认为自己的归寂之学并非杜撰,而是来自王阳明。阳明曾说过:"良知即是未发之中,即是廓然大公、寂然不动的本体,人人之所同具者也。"(《传习录》下)但阳明的"寂然不动的本体"与聂豹的寂体有两个主要的不同,一是阳明的寂体是形而下的,形而上的是性体。就是说,阳明的寂是心的寂静,是形下经验的止息和泯除。而聂豹的寂体是形而上的,是心的本来面目,是心本体未与外部接触而具有的绝对虚寂状态,这种状态不具有良知之善;二是阳明的形下之寂是为了让形上之性体流行。阳明的良知是性和觉两方面的合一,他常说人心是天渊、去得恶念,便是善念;去掉形下之念,形上性体便会自然流行。而聂豹的归寂是为通感；保持寂体不受杂念的干扰，才会有"物各付物"的结果。阳明主要的是伦理的，聂豹主要的是知识的。这后一点极其重要，因为这恰是阳明弟子认为聂豹背离师说而环起攻之的最主要的缘由。

（四）黔中王门

阳明心学诞生于贵州，贵州学子最先授受阳明心学的甘露，可以说真正意义上的"王门"最早是在贵州形成。阳明贬谪贵州期间（1508—1510），首先在龙场建立龙冈书院，贵州、湖南、云南等地的求学者纷至沓来。第二年，在贵阳文明书院讲学，他又提出了"知行合一"说，阳明学的思想在贵州开始得到初步传播，从而影响、培养了众多贵州后学。根据其师承关系和围绕贵阳、都匀、思南、凯里等地书院，在百余年时间里，比较系统地形成了地域性的阳明后学学派——黔中王门。该派早期代表为汤伯元、陈宗鲁、叶子苍；成熟期代表为李渭、孙应鳌、马廷锡，即所谓的"贵州王学三先生"。此外，还有第四、五代的陈尚象、余显凤、罗国贤等。

1. 李渭

李渭（1513—1588），字湜子，号同野，贵州思南人，为阳明再传弟子。嘉靖三十八年任高州府同知时，拜谒了湛若水。四十二年，路过湖北麻城时，拜访了泰州王学耿定向、耿定理兄弟，并向小于自己的耿定向称弟子,表明了他谦虚好学的精神,以知者为师。在任韶州知府时,为阳明大修祠宇,以表达自己对阳明的崇敬之情。隆庆五年,李渭在石鼓书院讲学,并与泰州王学罗汝芳同游湖南。于万历六年告老还乡。李渭回乡后,讲学于为仁堂、点易洞,培养了众多弟子,思南成为贵州王学基地之一,使得阳明文化传播到黔东北土家族地区。万历十六年四月去世,享年 76 岁,葬于思南府城河东万胜山麓。耿定向作《祭李同野》,并让三弟耿定力代写墓志铭,神宗亲题"南国躬行君子,中朝理学明臣"。

李渭思想具有独特的价值与魅力,在心性论上以"仁体"为宗旨,随着对心性本体理解、体悟的深化,他相应地在功夫论上提出了"毋意"说,晚年修改为"先行"说。"毋意"就是直任心休顺应道德规范自然而然地思为,走的是"极高明"路线。"先行"强调行重于知,走的是"道中庸"一路。虽然两种功夫都能达到本体与功夫的一致,但"毋意"说带有"良知现成"论的意味,近于王畿、罗汝芳的思想,而"先行"说的实践功夫品格,近于钱德洪、邹守益的性格。李渭在功夫论上,以"先行"取代"毋意",正是体现了他学说的时代意识与价值。

2. 孙应鳌

孙应鳌(1527—1586),字山甫,号淮海,谥文恭,学者称淮海先生。贵州清平卫(今凯里)人。官至国子监祭酒、南京工部尚书。嘉靖三十二年中进士。隆庆二年,写成心学派易学名著《淮海易谈》。第二年，因病回乡，在清平创建孔学院，亲自讲学，培养了许多家乡弟子，使凯里成为贵州王学的重镇。万历三年，任国子监祭酒，这是最高教育机构的职位，需要有大学问、德行高尚的人才能担任，这表明他在当时已是一个公认的大儒。第二年，神宗皇帝亲自到国子监听课，他给皇帝讲学，并受到称赞。万历四年，辞官归里。次年，完成代表作《四书近语》。万历十二年十二月，因病去世，万历帝赐祭葬。

应鳌著作丰富，是黔中王门的集大成者。在功夫论上，他系统地继承了王阳明的"知行合一"说，多维度地作了发挥。阳明对易学没有进行专门的梳理，孙应鳌在这方面却做了重大贡献，他的《淮海易谈》是心学派关于易学的重要成果。

黄宗羲的《明儒学案》对黔中王门只字不提，这一"疏忽"，与钱德洪的阳明学观不无关系。阳明说："谪居两年，无可与语。"阳明的意思是指与贵州诸友在评议交流上有困难，而并非指问学论道。可是钱德洪则把"无可与语者"引申为贵州弟子对阳明"知行合一"说的"罔知所入"，这是对阳明话语的严重误读。同时，作为搜寻阳明遗文的主要负责人，钱德洪有意无意遗漏掉阳明学术活动的主要区域——贵州，是他重大的失误。

第八章　阳明心学的内在发展
——现代新儒学

　　道学之名早于理学之名,道学是理学起源时期的名称。在宋代,道学是理学主流派的特称,不足以囊括理学的全部。宋代道学之名,专指伊洛(程颐)传统,并不包括心学其他学派的儒家学者。

　　宋明理学的体系中,主要有两大派,一派为"理学",一派为"心学"。因此,理学有广、狭二义:广义的理学是宋明占主导地位的儒家思想体系的统称,如"宋明理学"。狭义的理学,专指与"陆(九渊)王(阳明)心学"相对的程(颢、颐)朱(熹)派"理学"。由于"理学"、"心学"是宋明理学的主导思潮,所以不少人把理学代表人物概括为"程、朱、陆、王"。近数十年,我国学者受西方影响,采用"新儒学"之名,以代"理学"。

　　20世纪初,在儒学受到强烈冲击时,仍有一些学者坚持儒家学说,并试图通过儒家来救治中国,这些学者被人们称为"现代新儒家"。第一代新儒家,主要以梁漱溟、熊十力、马一浮、冯友兰、钱穆等人为代表。他们以中西方价值系统的不同，来说明为什么中国文化未能像西方文化那样孕育出科学。但对于中国文化的不反民主，以及中国文化何以不能孕育出民主的问题，未能做出有力的回答。

1949 年后，第二代新儒家远走港台地区，成了海外新儒学的开山祖师，尤以熊十力的三大传灯弟子唐君毅、牟宗三和徐复观影响最大。他们在回答第一代新儒家未能回答的课题的同时，努力在海外弘扬儒学，寻求儒学在当代的转化方式，并培养了大批弟子，为儒学的传统做出了巨大贡献。

第三代新儒家有成中英，刘述先，杜维明等。伴随着中国改革开放，大陆学人也开始重新探讨儒学。人们把中国内地的一批拥有儒家情怀、儒家理念、儒家立场的中青年文化工作者称为"大陆新儒家"，代表人物有蒋庆、陈明、康晓光等人。

现代新儒家中研究心学的知名学者有梁漱溟、熊十力、唐君毅、牟宗三、贺麟等。

（一）梁漱溟

梁漱溟(1893—1988)，著名哲学家、教育家，堪称当代新儒家之首。1906 年，进入北京最早的新式中学之一顺天中学堂，这所中学对他一生有很大影响："我自 14 岁进入中学之后，便有一股向上之心驱使我在两个问题上追求不已，一是人生问题，即人活着为了什么；二是社会问题亦即是中国问题，中国向何处去。""对人生之追求,使我出于西洋哲学、印度哲学、中国周秦宋明诸学派间,而至后来被人看作是哲学家。对社会问题之追求,使我投身于中国社会改造运动,乃至加入过革命组织。总论我一生八十余年(指 14 岁以后)的主要精力心机,无非都用在这两个问题上。而这两个问题的开端和确立,便自中学时代始。"

清帝退位后,他被派到后来是国民党机关报的《民国报》当记者。接触社会,使他发现社会政治的丑恶现象,深感苦闷和失望。1913 年,辞去记者之职,回家潜心佛学,曾想出家为僧,到 29 岁放弃这个念头。1916 年,蔡元培邀请这位年仅 24 岁的中学毕业生到北大当讲师,讲授印度哲学。1924 年,辞离北大后,任河南封治学院教务长并接办北平的《村治月刊》。1931 年在山东邹平创办山东乡村建设研究院,任研究部主任、院长,倡导乡村建设运动。抗日战争中,号召乡村建设工作者团结一致、积极投入抗日救亡运动。1938 年元月,他赴延安考察防务,与毛泽东阔谈两周。1939 年 10 月,与沈钧儒、黄炎培等在重庆发起成立统一建国同志会。1940 年 12 月,又与黄炎培、左舜生等在重庆集会,决定将统一建国同志会改组为中国民主政团同盟。1944 年 9 月,把民主政团同盟改称为中国民主同盟,他仍选为常务委员。1946 年,任民盟秘书长。新中国成立后,为第一、二、三、四届全国政协委员,第五、六届全国政协常委,并任中国孔子研究会顾问,北京大学中国文化书院院务委员会主席等职。一生致力于研究儒家学说和中国传统文化,造诣颇深。著作主要有《东西文化及其哲学》、《乡村建设理论》、《中国文化要义》、

《人心与人生》等。

梁漱溟在少年时，与王阳明一样，也信奉过佛学。主张儒佛会通："我只是本着一点佛家的意思裁量一切，这观察文化的方法，也别无所本，完全出于佛家思想。""我一生几十年功夫全用在这本书(《成唯识论述记》)，吃饭、睡觉都离不开它，这一派学问最扎实、严谨，一丝不苟，我老抱着这本书。"(吉庵:《物来顺应——梁漱溟及访谈录》)梁漱溟用唯识学的观点重新诠释儒家哲学。通过儒佛会通，把佛教出世的认知系统转化成为儒家入世的实践哲学。他说："我转向儒家是因为佛家是出世的宗教，与人世间的需要不相合。其实我内心仍然是持佛家精神，并没有变，变的是我的生活。"

梁漱溟继承王阳明的实践道德说和王艮自然主义思想，注重眼前当下的实际应用。他一生的实践，都是搞农村建设的事功。他从佛家转入儒家的转折点是王艮的称颂自然给予他的启发："我曾有一个时期致力过佛学，然后转到儒家。于初转入儒家，给我启发最大，使我得门而入的，是明儒王心斋(王艮，字汝止，号心斋)先生;他最称颂自然，我便是如此而对儒家的意思有所理会。"他主张"归结还在行动"，"我实在没有旁的，我只是好发生问题;——尤其易从实际人事上感触发生问题。有问题就要用心思;用心思，就有自己的主见;有主见，就从而有行动发出来"。

在儒家的道德功夫论里，他同王阳明一样，特别看重"慎独"二字，以为此道是孔门修己之学的精髓："修齐治平都在诚意上用功,都在慎独;慎独是贯内外的活动,亦即修身为本之实行。"他的慎独之彻底,不用说平时的言行,连自己隔夜做的梦都要认真加以检点。1951 年 4 月 7 日,他在日记中自责:"梦中念头可耻!"8 日又记:"思议大学修身为本疑问若干则,夜梦起念可耻,马上自觉。"(均见《梁漱溟全集》)这样严厉的道德自律,一般人很难坚持下去,只有梁漱溟这样胸有大志的人,才能几十年如一日地要求自己,他的日记,字里行间都透露着他修身养性的信息。

梁漱溟坦承自己是陆王派,但在思想上倾向于佛家,而实际的生活,是希望跟着王阳明走。

梁漱溟把法国柏格森"直觉"论引入儒学,建立新孔学的直觉主义,他因此被认为是中国思想史上"第一个倡导直觉说最有力量的人"(贺麟语)。柏格森的直觉主义把直觉看作一种超乎理智的神秘的内心体验。20 世纪初,柏格森哲学传到中国,梁漱溟是柏格森哲学在中国最早的接受者和传播者之一。他把孔子儒家文化的原始精神与柏格森的生命哲学融合在一起,赋予传统儒学以现代色彩,开创了现代新儒学。

(二)熊十力

熊十力(1885—1968),著名哲学家、思想家。曾参加武昌起义,辛亥革命后,他认为救国之根本似乎不在于革命,而在于学术兴盛。1918 年 5 月他决然脱离政界,决意专心从事哲学研究,以增进国民道德为己任，这是他一生中最大的转折。1920 年，进南京支那内学院，研习佛学。1922 年，被蔡元培聘为北京大学主讲佛家法相唯识学特约讲师。1932 年，熊十力花十年心血写出《新唯识论》(文言文本)出版。成名后，先后在武昌文华大学、北京大学、浙江大学任教。抗战期间讲学于四川复性书院。1944 年，《新唯识论》语体文本出版，标志着熊十力哲学思想体系的成熟，成为新儒家的代表作。新中国成立后，为第一届全国政协会议特邀代表及第二、三、四届全国政协委员。1954 年移居上海后，仍笔耕不辍。1956 年完成了《原儒》下卷，后又相继完成《体用论》、《明心篇》、《乾坤衍》等著作，共 8 种，130 万言。

熊十力与梁漱溟一样，也是一个多元融合型的儒家学者，他把中国的儒道文化、印度的佛教文化以及西方文化相融合。他自认《新唯识论》"以佛补儒之缺，以儒补佛之失"。

《新唯识论》语体文本，发挥易学义理，挖掘儒学精神，创造性地重建了儒学思想体系。熊十力提出"体用不二"的宗旨，肯定了人的生命意义和人生价值，是为了在物欲横流的世界，重新寻找"人生本质"和"宇宙本体"。在他看来，人与天地万物所同具的仁心本体，内蕴着极大力量，可以创造出、生化出整个人文世界。"本心"作为最高本体，为绝对本体，不仅主乎吾身，而且遍为万物之主。"本心"是万化之原、万有之基的"仁体"，是永恒绝对之本体。"本心"又是每个物的主体，是流衍变化、化生万物的过程。熊十力发挥王阳明的体用观，建构起"无体即无用，离用原无体"的《新唯识论》哲学。熊十力把仁心本体看作一切文化现象和道德行为的根源和根据,是开发创新、社会进步、人格完美的原动力。仁心本体就在每个人的心中,每人都能自足圆满地拥有一个大宝藏。熊十力以这一理路建构的《新唯识论》道德理想主义体系,为现代新儒学奠定了基础。

熊十力思想在本质上是依归陆王心学,以陆王之主体的直觉为方法论,提倡"仁智交修,谓之内圣学"。他把智看得与仁同样重要,把智看成是知、情、意及智、仁、勇等多种美德互融的一种有机统一体,这表现熊十力对现代科学技术的高度重视,也突出了良知对运用科技成果的规范作用,以防止科学技术的高度发展可能带来的负面效应。因此,他尤其推崇王阳明的致良知之学,他说:"王阳明倡致良知之学,与余所提出之智,其义旨本相近,余最喜阳明为求智者指示用力之要在一'致'字。致者,推扩之谓。吾人干所本有之智必尽力推动与扩大之。"(《明心篇》)对于致良知,熊十力提出的方法是:一是去除私欲,为智慧的自然显发创造条件;二是格物穷理,通过科学研究和社会实践,使智慧由可能变为现实。

熊十力的人生论有仁智交修的特点,即把敦仁与求知合而为一。他指出智与知识在现实中是有严格区别的。"智是本心天然之明;知识是习种乘天明之动而起,迅应外物之感,而引以化于物,才成知识。此知识与智之大别。"正确的态度是,二者应该统一起来。熊十力重视知识与智的统一的目的,是希望用良知来统御知识,以保证知识为人类造福,而不致使知识成为危害人们生存和幸福的手段。他说:"夫惟孔子,格物而本乎致良知。

阳明亦得孔子之旨,尝曰:良知作主时,则一切知识莫非良知之发用,知识亦是良知也。"熊十力有强烈的忧患意识和人文精神,希望用良知和仁德来规范现代科技的发展和运用。

熊十力以佛儒会通确立了他在当代新儒家中的地位,后来的新儒家则更进一步,以多元融合的态度来对待儒学,这是适应世界全球化趋势而采取的灵活态度,这种态度丰富了儒学的内容,也扩大了儒学在世界的影响。

(三)唐君毅

唐君毅(1909—1978),著名哲学家,四川宜宾人。曾就读于中俄大学和北京大学,毕业于南京中央大学。历任华西大学、中央大学、金陵大学等校教授。1949年赴香港,与钱穆等人创办新亚书院并兼任教务长。1963年受聘为香港中文大学首任文学院院长和哲学讲座教授。1967年任新亚研究所所长。1978年2月2日,因病逝世,享年只有69岁。为现代新儒学代表人物之一。

唐君毅曾受业于熊十力,深受其影响。为学注重对中国哲学、文学、道德伦理作比较研究,主张发扬以儒学为核心的中国传统文化的价值系统,以实现现代新儒家关于中国文化精神"重建"的愿望。主要著作有《中国哲学原论》、《生命存在与心灵境界》、《中国文化之精神价值》、《心物与人生》、《人文精神之重建》等。

　　唐君毅的哲学思想是以"心本体"为核心而架构起来的。"心本体"的学说与道德实践有着密不可分的关系。为此,唐君毅建构了一个三观九境的体系。所谓"三观",就是如何观的三种方式。他表达的是"心外无境"之意。也就是说,是主体在观,是主体的心灵在观,这就表明其体系的核心和根本,就是心灵;九境的构造,实质都是心灵的构造。唐君毅说:

　　　　自其约者而观,则此九境自不必更开之为无穷,亦可约之为主观境、客观境、主客境之三,更可约之为此生命存在心灵与境感通之一事。此当下生命存在之心灵,与当前之境感通一事,更可收归于一念。

　　但是事实上,九境可约为三境,三境可约为一事,一事可归于念,一切皆出自"此念之自化而自生",这里的"此念"就是儒家"心灵"之念。在心灵与境界是什么关系的问题上,他的看法是,即非境由心造(唯心论),亦非心因境生(唯物论),而是心境感通,互为缘生。按照贺麟的说法,《生命存在与心灵境界》是唐君毅"最重要,也是他集大成的著作"。

　　心本体是唐君毅整个哲学思想的核心。假如没有心这个本体,那么道德伦理将成为无根之本、无源之水,更谈不上道德修养。人们原有的心本体与外在事物互相感应之后,就会自觉地要求人们做出最合理、最理想的行为,这就产生种种德行。德行好否,其根本是在于道德心灵。道德心灵就是心本体的异名。

宇宙万物莫不以道德心灵作为本体而存在。因此说,道德实践与心本体是密不可分的。

如何"去不善以成善之德"是道德实践的最重要一环。为此,唐君毅提出了"知耻"的修养功夫。他认为,知耻本身就是一种德行,其功能与智、信这两个德目一样,以去不善成就善。由于知耻意识带出深切的自责感,就使人自承其罪孽,让潜藏的道德自我完全呈现,从而洗心革面,悔过自新。可是,知耻而求改过是有条件的,即必须具有"勇猛坚定之志"和"真正诚固之德"。唐先生说:诚要贯彻于一切德之中,它是"绝对之耻不善,是是非非而去不善,以成善之德"。因此,"修养之功夫即在思诚。思诚的功夫,即致良知之功夫"。(见《文化意识与道德理性》)

(四)牟宗三

牟宗三(1909—1995),著名哲学家,现代新儒学代表人物。字离中,山东栖霞人。1929 年入北京大学哲学系学习,曾听熊十力讲新唯识论。毕业后,编辑《再三》杂志,任教于大理民族文化学院、华西大学、浙江大学、中央大学、金陵大学。1949 年后去台湾,先后在台湾师范学院、台中东海大学、香港中文大学、新亚书院等校讲授逻辑学、哲学概论、中国哲学。1974 年退休后,专任新亚研究所教授。1958 年与唐君毅、徐复观、张君劢联名发表《为中国文化敬告世界人士宣言》,发起复兴儒家文化运动。认为中国文化的精神生命是儒家的心性之学,它构成了中国的道统，"护住由孔孟所开辟之人生宇宙之本源"（《道德的理想主义·序言》）。主要著作有《政道与治道》、《才性与玄理》、《心体与性体》、《从陆象山到刘蕺山》、《智的直觉与中国哲学》、《现象与物自身》等。

牟宗三判定孔、孟、陆、王为儒学"正脉"，而儒学不过就是"身心性命"之学。当时学术界看重牟宗三的生命儒学，按照学术界一般的说法，生命儒学即心性儒学。牟宗三的生命儒学包括心体与性体、才性与佛性、圆教与圆善。

《心体与性体》一书是牟宗三的代表作，是他花八年心血而写成的一部宋代理学思想研究的著作，同时也是其独创的道德的形而上学体系的一部奠基之作。他在书中大量运用康德哲学的观念和方法，来分析宋代理学的进路，最终为传统儒学哲学的本质，做出了一个清晰的哲学描述，被学术界认为第一次将传统儒家的思想提升到现代哲学的层面。

牟宗三认为，宋儒理学是"心性之学"，即"内圣之学"。所谓有内圣，即"内而在于个人自己，则自觉地圣贤功夫（作道德实践）以发展完成其德性人格之谓也"。因为道德的本心与道德实践之所以可能的先天根据，亦即道德创造之性能，是空间义，是最高义，故曰"心体"与"性体"。牟宗三认为，儒家哲学的"心体"与"性体"，其实就是康德所说的自由意志。王阳明哲学的"良知"，被牟宗三用以指称其所谓"性体"亦即"心体"。心性本体，是与康德的"自由意志"统一的。他在《中国哲学十九讲》中谈到朱熹的时候，说心不是形而下的，不是"气之灵"，而是以孟子所说的"本心"来看；这就是所谓"心体"，心就是本体。这时，心不是形而下的，不是属于气；心就是理。这时，心以理言，不以气言。譬如王阳明的"良知"，不能说是属于气；若属于气，那就成了形而下的，那就糟了。所以心体以理言，它就是理，因此说"心即理"。陆、王就是这样说的。牟宗三以"明道、象山等所代表之一大系为根据来融摄康德，并借康德之辩解，以显自律道德实义，并进而显示其所涵之全部理境，即道德的形上学之究根完成"（《心体与性体》）。牟宗三即以此构筑起一套具有现代意义的儒家哲学体系。

（五）贺麟

贺麟（1902—1992），著名哲学家，生于四川金堂。1926 年毕业于清华留美预备学堂。1926 年起，先后在美国奥柏林大学、芝加哥大学、哈佛大学本科及其研究院研读西方哲学史，获哈佛大学硕士学位。1930 年在德国柏林大学进修德国古典哲学。1931 年回国，先后任北京大学讲师、副教授、教授。1955 年起，任中国科学院哲学所研究员。为第三、五届全国政协委员。1982 年加入中国共产党。在 30 年代曾作《朱熹与黑格尔太极说之比较观》，自谓走中西哲学融会贯通的道路。1944 年写成《近代唯心论简释》，认为心是经验的统摄者、行为的主宰者、知识的组织者、价值的评价者，时人称之为"新心学"。新中国成立后，专注于西洋哲学的教学、翻译、研究。

在 20 世纪中叶,中国现代哲学学派"新心学"中,知行合一说得到了新的发挥。新心学的代表人物贺麟接过知行是同一活动的两个方面的思想,加入新黑格尔主义的绝对精神即知即行和斯宾诺莎的身心平行论,对知行问题进行了具有现代哲学意味的阐发。

首先,贺麟提出两种知行合一说:"自然的知行合一"和"价值的知行合一"。自然的知行合一所谓知,指一切意识活动;行指一切的生理活动。知是精神性的,行是物质性的。知行是同一过程的两个方面,任何活动都是意识活动和物理活动的结合。不过知和行的显现程度是有等差的。有的活动主要是意识的活动,如读书;有的活动主要是生理的活动,如运动。前者是显知隐行,后者是显行隐知,但二者都是知(意识)与行(物理)两个方面的同一。贺麟所谓的知行合一,有知行同时发动,知行并行、知行为同一的物理——心理活动的两面诸义。他把这种知行合一叫作"自然的知行合一",因为"只要人有意识活动(知),身体的跟随无论如何也是无法取消的。凡有意识之伦,举莫不有知行合一的事实"。"价值的知行合一"的意思是,知行合一是应该如此的理想,须加以人为的努力才能达到,不是现成的事实。价值的知行合一所理解的知和行,与宋明理学所谓的"知""行"意义略同。价值的知行合一是先据常识将知行分为两事,再用种种努力求其合一。

贺麟认为,无论是自然的知行合一还是价值的知行合一,若加以思辨地分析,皆可得出如下结论:第一,知是行的本质,行是知的表现。因为人类活动的特点,就在于受知识的指导而不是凭本能的行动。人的活动失去知的意义,就是纯物理的活动。所以知是体,行是用,"行为者表现或传达知识之工具也,知识者指引行为之主宰也"。第二,知主行从,知永远决定行,行永远被知所决定。错误的行为被错误的知识所决定,正确的行为被正确的知识所决定,概莫能外。第三,知是目的,行是工具。行为永远是知识的手段和功能。贺麟的第一和第三个结论,是吸收了黑格尔的思想:绝对精神决定着自身的一切外化,人类文化史上曾经发生的一切活动,都是绝对精神的表现,都是为了完成绝对精神的目的。第二个结论吸收了斯诺宾莎关于行为永远被思想所决定、正确的知识表现为自由的行为、知天理是行天理的前提条件的思想。贺麟并且批评了"副象论",这种理论认为身心永远平行,但精神活动只是身体活动的影子,因此"身主影从"。他认为副象论是同王阳明的学说正相反的。

贺麟认为,王阳明的知行合一虽近于"自然的知行合一",但仍不完全等同于自然的知行合一。王阳明实际上强调的是价值的知行合一。价值的知行合一又可分为两派:一派是理想的价值的知行合一,朱熹主之,因为他的格物致知与涵养用敬为二事,二者的合一是人追求的理想。另一派是率真的价值的知行合一(知行的本来体段),王阳明主之。而由朱熹的理想的价值的知行合一到王阳明的直觉的率真的知行合一是一个必然的发展。贺麟这个观点,与他认为中国当代哲学是陆王之学的盛大发扬,从朱熹到王阳明,从理学到心学、理学合一是一个必然的发展过程的看法相一致。

新心学的知行合一说，受了黑格尔和斯诺宾莎学说的影响，借鉴了当代西方行为心理学派对知行问题的见解和分析方法。他的目的是：第一，强调知行问题的作用，打破了独断论的伦理学，为正确行为找出知识基础。这是他对比了中西道德哲学的不同特点后，对中国论理学缺乏知识论提出的一种改进。第二，他欲强调知的决定性、首要性，引导人们主要在知上用功，从而破除"知易行难"的旧说，以与孙中山的知难行易说相配合，为孙中山改造国民偷惰、畏难苟安的积习，进行"心理建设"的大计进行理论上的证明。

贺麟的知行合一新论是阳明学说在现在中国的一点余响，也是贺麟古为今用的一个尝试。

学术界公认贺麟学贯中西，在中国哲学方面有极高造诣，是"新心学"的创建者。贺麟的"新心学"是中西文化的融通，是中国的陆王心学与西方的黑格尔主义相结合的产物。贺麟新心学的思想体系的特点之一，就是调解两个对立面，使之融和合一。新黑格尔主义以主观唯心主义来代替黑格尔的客观唯心主义，以形而上学来修正黑格尔的辩证法。他的"儒家思想的新开展"的论述、知行合一新论与直觉论、"心即理"的唯心论，构成了他哲学思想的主要部分。

贺麟提出"化西"的概念，认为翻译的意义，在于华化西学，使西洋学问中国化，灌输文化上的新血液，使西学成为国学的一部分，使外来学术成为自己的一部分。贺麟要"儒化"西方文化，其含义是：在吸收西方文化过程中，要经过主体的主动选择，选择的标准便是儒家思想；选择西方文化的过程，也是消化吸收的过程，要将西方文化融化在儒家思想中。

贺麟的基本立场是以儒家思想为尺度来融合、转化西方文化，他的新心学就体现了这一立场，其立足点在"化西"，"自动地自觉地吸收融化，超越扬弃现在已有的文化"。（《文化的体和用》）

由此，学术界认为贺麟的哲学立场，可归于"新陆（九渊）王（阳明）"的范畴。他在《当代中国哲学》中说，弘扬陆、王心学是中国哲学的进步标志。相对于冯友兰的"新理学"，贺麟的思想学说称为"新心学"。新心学虽然没有形成像"新唯识论"或"新理学"那样严整的思想体系，但"回到陆王去"的旗帜，毕竟显示出贺麟同新理学相抗衡的特点，在学术风格与学术旨趣方面有其独到之处。

贺麟的主要著作：《近代唯心论简释》、《文化与人生》、《当代中国哲学》、《哲学与哲学史论文集》、《现代西方哲学讲演集》等；主要译作：《小逻辑》、《黑格尔》、《黑格尔学术》、《哲学史演讲录》（合译）、《精神现象学》（合译）；主要论文：《朱熹与黑格尔太极说之比较观》、《知行合一新论》、《宋儒的思想方法》、《黑格尔关于辩证逻辑与形式逻辑的关系的理论》、《黑格尔的早期思想》、《费希特的唯心主义和辩证法思想述评》、《斯宾纳莎哲学的宗教方面》等。

第九章　阳明学在国外

16世纪初，王阳明所创立的学说，不仅广播于中国十多个省市，而且还散播到日本等国，被输入国文化所消化，而形成域外阳明学派。因此说，王阳明及其学说，不仅属于浙江，属于中国，也属于东亚一些国家，是东亚一些国家思想史的重要组成部分。

（一）在日本

阳明学在日本的兴起，虽略晚于朱子学，但阳明在生的时候，却和日本人有了关系。正德八年(1513)春，王阳明调任为南京太仆少卿，当时他决定回家乡一次，是取道宁波回余姚的。在宁波稍事停留的地方是育王山广利寺，寺院里住着一位从日本来的老和尚，叫了庵和尚。了庵和尚本名是堆云桂悟(1424—1514)，他奉室町幕府将军足利义澄之命，作为日本正使来到中国。1510年他就曾出使，因遭逆风而未果，遂于1511年再次出使，抵达北京。在贡方物达使命之后，明代皇帝慕其高龄，命他住在宁波育王山广利寺，并赐以一件金澜袈裟。这样，王阳明与了庵和尚就自然地相遇，也是机缘巧合。在研究中日交流史的学者看来，这次偶遇的意义十分重大。两人虽然年龄相距40余年，而谈心悟道却是忘年之交。《汉学纪源》就此事件称王阳明"就见，悟焉，感其学行"。

当时，王阳明的心学思想已经萌芽。这了庵和尚也是个了不得的人物，是日本室町时代赫赫有名的五山大老之一。两个高手思想碰撞，火花四溅。在交谈中，了庵和尚发现王阳明的心学思想与朱之理学分庭抗礼。这使了庵和尚大为吃惊，或许是大开眼界，谈兴更浓。两人促膝而谈，已是物我两忘，他们"辩空"、"论教异同"，观点尖锐而纷呈。

当年五月，听闻了庵和尚即将回日本。王阳明作《送日本正使了庵和尚归国序》相赠。赠序之真迹本藏于山田祠官正阜人家，今则藏于日本三田博物馆，余姚王阳明故居陈列有赠序之拓印本。日本学者极重视这一史实。井上哲次郎称："桂悟亲与阳明接触，为哲学史上决不可看过的事实。"武义内雄在他的《儒教之精神》中直接指出："日本阳明学之传，从了庵桂悟开始。"

了庵和尚回日本后第二年即谢世。王阳明的文录、文集、《传习录》等，都是在16世纪中叶传入日本的。当时人们怀着对一门新学问的好奇而广泛地阅读王阳明的书籍。王阳明在日本的影响或许受益了了庵和尚；就因为与了庵和尚的会晤，阳明的声望传到了日本，他的著作也随后在日本广为流传。而了庵和尚在日本的百世流芳也得益于王阳明：因曾与王阳明一晤，而使阳明学说影响甚深的日本后人对了庵和尚也感怀至今。

了庵和尚对于阳明学在日本的兴起，应该会有启导的作用。

明代在隆庆、万历朝，"王学"成为正统思想，得到了迅速传播。关于王阳明思想的书籍相继出版，流传到了日本。王学在日本的发展经过了三个阶段。

第一阶段的主要人物是中江藤树（1608—1648）、熊泽蕃山（1619—1691）和渊江山（1617—1686）。

日本第一期阳明学的元祖是中江藤树。他33岁始读到阳明弟子王龙溪的《语录》。37岁时，在书肆见到《阳明全集》，他无力购买，慨然解下所佩大刀与店主交换。从此舍朱子而归阳明。他在给友人的信中说："幸得《阳明全集》而熟读之，于是数年之疑惑乃解，而有入德之把柄。"中江氏读《阳明全集》后，虽只四年而没，但造诣很深。学者尊称他为"近江圣人"（近江是他的故乡）。他有两位重要弟子，渊冈山属内省派，熊泽蕃山属事功派。

第二阶段的中兴元祖是三轮执斋（1669—1744）。在33岁那年，在友人家得《传习录》而读之，于是舍朱而归王。他所事的藩主不以奉王学为然，他便辞职家居，专以倡导阳明学为己任。撰有《日用心法》与阳明的《四句教讲义》。在三轮氏的时代，细川侯有令禁止阳明学之传习，但志操坚贞之士，未尝因此废阳明学，而三轮氏之功劳尤大。他为宣传王学、对抗朱学做了许多奠基性的工作。

日本阳明学第三阶段的人物，首数 19 世纪前期的大盐中斋（1793—1837）。得古本《大学》，于是依诚意致知之旨，私淑阳明。他广集汉唐宋明清各家有关解释《大学》之文，结撰成《古本大学刮目》，其中尤详于王门各派对《大学》之解释，以补王门各派之不足。

大盐中斋深受王学的影响，积极投身到社会实践中去。在日本当时发生大饥馑时，他上疏言事无果后，就带领学生组织灾民发动了暴动。很不幸，大盐中斋没有成功便自杀身亡了。

佐藤一斋（1772—1859）。他心服阳明，而表面上则避阳明学之名。因为幕府尊朱子学，一斋不想触犯忌讳，所以如此。由此，后人说他"阳朱阴王"。一斋门下人才济济，在他十多位著名弟子中，守朱子学者只有三人，其余全是阳明学者，著名有成就的学者有：佐久间象山、山田方谷、吉村秋阳。开国维新的重要人物有：吉田松阴、西乡隆盛，都是他的再传弟子，而伊藤博文、木户孝允、山县有朋等，又是吉田松阴所办的松卜村塾中的学生。

阳明学包含着尊重个性、不害怕困境、不畏惧权势的思想。幕府末期，各种矛盾丛生，阳明学正好与这个时代相契合，发挥了它冲破牢笼、寻求自由的积极作用。通过阳明学的传播，在日本出现了很多勇于创新、敢于冲锋陷阵的年轻一代。这一代人对德川幕府的统治给予了沉重的打击，促成了明治维新。

在江都末期，日本人目睹幕府无法应付美舰，所以有恢复皇室，以对付外来威胁之意，即所谓"尊王攘夷"之说。比如佐久间象山(1811—1864),是佐藤氏门人,性豪迈。因美国海舰威胁日本国门,于是学习西洋炮术。其门人吉田松阴(1830—1859),在锁国政策下,企图偷渡出国,以研究西洋的学问,事败身殉,佐久间亦下狱。佐久间另一门人是日本"海军之父"胜海舟(1823—1899)。佐久间本人的名言是他的救国方案:"东洋道德,西洋艺术。"这与清末中国盛行的"中学为体,西学为用"的意思相同。

日本的阳明学派内,在幕府末时的爱国志士,留下可歌可泣的英勇事迹。可是天皇亲政后,彼辈转为好战派,比如西乡隆盛(1827—1877),力主征韩,引起杀身之祸。还有为吉田松阴学生的明治名相伊藤博文(1841—1909),被韩国志士刺死。日本的阳明学,至此不再是"革命派"了。

不过,日本阳明学的"内省"与"事功"两派,表面上各得阳明之一长,实际上王阳明既以"尊德性"为"致良知"的前提,就不可能同意侵略性的政策。日本近代的好大喜功、好战行为,绝不是阳明学的真正表现。日本阳明学者,也有造成侵华的好战派。二次大战后,日本军防大减,闻名文学界的三岛由纪夫(1925—1970)大肆提倡武装日本,并在剖腹自杀前不久,曾撰文论学,借阳明的名义而发挥军国思想。阳明学的易受误解和利用,可见一斑。

日本近代著名军事家东乡平八郎,曾为王阳明的学说所折服,身上特意佩一方印章,上面篆刻"一生俯首拜阳明"。

到了当代,日本对阳明学的研究也没有间断过。1991年,国际阳明学学术会议在日本圆满召开。

（二）在朝鲜半岛

1. 在朝鲜

明代隆庆元年（1567），曾奏请阳明从祀文庙的明副使户科给事中魏时亮带着隆庆帝登基的诏书出使朝鲜，提出重新评价阳明的功绩和学问以后，朝鲜学术界与阳明学者打交道的机会才增多。阳明学何时传入朝鲜？据韩国学者韩睿嫄研究，韩国学术界大致有四种说法：一是以李退溪（1502—1571）所著的辩斥王阳明《传习录》为依据，而主张阳明学是在朝鲜中宗时代东传至朝鲜的。二是以柳成龙（1542—1607）所著的《西崖集》中《阳明集后》一文为依据，而肯定阳明著作东传是在朝鲜明宗十三年（1558）。三是以洪仁佑的《耻斋日记》为依据，主张阳明学的传入时间是在明宗八年（1553）。四是吴仲逸提出的阳明学东传朝鲜的时间是在 1521 年以前。不管怎么说，朝鲜人在王阳明逝世前后就已对其思想和著作有所了解，应是不争的事实。通过《传习录》传递的“评论阳明学术者”为依据，阳明学在朝鲜的初传可看成是在 1521 年以前。南彦经（1528—1574）算是朝鲜王学的前驱。《朝鲜王朝实录》卷二二说：“今人学彦经者，亦多尚阳明矣。”

朝鲜阳明学派的开创者是郑霞谷。郑霞谷（1649—1736），名齐斗，字士仰，霞谷乃其号，其所创立的学派即被称为“霞谷学派"，又称江华学派。

霞谷的学问生涯大致可分三个时期：41 岁前，是朱子学转向阳明学的时期，又称"京居时期"；41 岁至 61 岁，是开始建构阳明学的"心即理"、"知行合一"、"致良知"等理论体系的时期，又称"安山时期"；61 岁至 68 岁，是内王外朱的时期，又称"江华时期"。在朝鲜时代，他处在阳明学的中心地位，对阳明学的发展起到了承前启后的作用。

作为朝鲜民族启蒙思想之前兆的实学派学者，吸收了阳明学说中的实用性因子。因此说，阳明学传入朝鲜，是朝鲜实用思潮产生的原因之一。当时，实学思潮主要有三大流派：一是以朴齐家（1750—1815）为核心的北学派；二是以李瀷（1681—1763）为代表的星湖学派；三是被称作主权恢复运动时期的爱国启蒙思想家朴殷植（1859—1925）为代表的近代实学思潮了。于是这前后三大实学流派相互吸收、彼此交融，才使朝鲜实学派摄取阳明学之实践精神方面，远远超过了阳明学的发源地中国。因此，从一定意义上说，阳明学乃是朝鲜实学思潮产生的重要哲学基础。

2. 在韩国

1910 年，朴殷植曾用汉文撰写了阳明学的入门书——《王阳明先生实记》，这是近代韩国阳明学研究的起步，后来崔南善在《少年》杂志上介绍中、日两国阳明学研究情况，则是韩国的阳明学研究的萌芽期；郑寅普的《阳明学演论》，一般被认为是韩国近代阳明学研究的完成期。总的来说,这些研究可以说都是在日本阳明学研究的影响下逐渐开展起来的。这从"王学"一词到"阳明学"一词的变换过程中看出来。韩国最早使用"阳明学"一词是 1917 年张志渊的论文《阳明学者郑霞谷》,这与日本明治时期开始使用"阳明学"一词有密切关联。

20 世纪 90 年代以后,韩国学术界又开始把颇具本土特色的韩国阳明学——霞谷学推向世界,因此以霞谷学为中心的韩国阳明学才在韩国由"冷"变"热"。它的重要标志是"韩国阳明学会"的成立。1995 年 1 月 10 日,韩国数十位阳明学专家聚会成均馆大学,召开了韩国阳明学会成立发起人大会。同年 4 月 8 日,在成均馆大学召开了韩国阳明学会成立大会,有 100 多名会员到会,并通过了学会章程,选举产生了第一届理事会及会长、副会长。1997 年 11 月 22 日,在成均馆大学召开会议,决定发行《阳明学》创刊号。2001 年 3 月 26 日,"阳明学研究丛书"之一《王阳明哲学研究》出版。2003 年 1 月,《阳明学》被韩国学术振兴财团注册登记,成为继日本《阳明学》杂志之后又一种公开发行的阳明学专业刊物。2005 年 5 月 28 日,在中央大学召开了主题为"中国现代阳明学"的学术讨论会。该会从成立至今,已选举了六届会长。每次研讨会都邀请了国外学者参加,这对推动韩国阳明学研究的国际化起到了一定的作用。

在欧美推广阳明学,陈荣捷和张君劢两人功不可没。陈荣捷是美籍华人,曾执教于夏威夷大学、哥伦比亚大学。他在 1960 年参与编写《大英百科全书》,执笔中国哲学部分,介绍了王阳明及王学。在 1967 年,他参与编写《美国百科全书》,执笔中国哲学部分,专门为王阳明设一编。还把《传习录》译成英文,促成了王学在欧美的传播和研究。

张君劢是中国早期新儒学的代表人物之一,曾留学于日本、德国。在 20 世纪五六十年代,到很多国家讲学,并对王学进行阐释。1963 年,他出版了《新儒学思想》,专门列出章节讲解王阳明及阳明学派。他还写了很多有关王阳明的研究论文,并在国际学术会议上进行宣读,在西方引起了很大影响。

第十章 "龙场悟道"前求圣的心路历程

　　阳明早期,他的思想的主要课题是批判朱学的支离与吸收佛道的智慧两者,而他对朱学的不满,正是基于他自己青年时代"为朱子格扬之学"的实践。

　　事实上,没有这段经历,就不会有龙场关于格物致知的证悟。如果说龙场以后的阳明思想主要致力于在儒家的立场上融合仙佛,那么,龙场之前阳明思想的主要课题就是如何扬弃朱子格物之学以创建心学。

　　阳明早在青少年时代,"侍龙山公(阳明祖父)于京师,遍求考亭(朱熹)遗书读之",并曾在官署中就亭前之竹格物之验,这表明朱熹之学对青年阳明曾发生过很大吸引力。宋元以来,朱子哲学居于正统,一般读书人都以朱子之学为成圣成贤之学。《年谱》说阳明少年时曾对塾师表示:"登第恐未为第一等事,或读书学圣贤耳。"在当时的学术气氛之下,阳明选择朱子学是理所当然的,但他不同意把走科举之路作为"第一等事"。

　　弘治二年(1489)十二月,王阳明婚后偕夫人诸氏返乡时途经广信(今江西上饶)拜见了大儒娄谅(一斋)。娄一斋是明初大儒吴与弼的高足。《年谱》对这次会面记载道:"谒娄一斋谅,语宋儒格物之学,谓'圣人必可学而至',遂深契之。"看来,娄谅对青年王阳明的影响很大。王阳明正是由于娄谅的引导,才开始真正走上了求圣之路:"是年先生始慕圣学。"黄宗羲在《明儒学案》中也认为由于娄、王相会,"姚江之学,先生为发端也"。由此可见,娄一斋对王阳明的影响和意义是大的,一般都认为这种影响主要是启发了青年王阳明的为圣之学的路向。一斋与阳明的谈话包括两个要点:一是"语宋儒格物之学",二是教其"圣人必可学而至"。"圣人必可学而至",是规定了终极的价值目标;"语宋儒格物之学",是说明实现这一终极目标的具体路径,即是肯定了通过朱子格物穷理之学可以"学为圣人",这就指明了成圣这一终极目标是可以通过"学"而实现的。这种对成圣的承诺,实际上就是对王阳明少年志向的充分肯定。所以使他"深契之"。正因为这样,谒见娄谅才能成为王阳明思想发展中的一个重大精神事件,而王阳明此后也确实是沿着一斋指引的方向努力着。阳明"夜则搜取诸经子史谈之,多至夜分",这正是在实践读书穷理的格物功夫。同时,阳明在行为上也努力实践着"居敬"的涵养功夫。阳明原来活泼诙谐,爱开玩笑,"一日悔之,遂端坐省言"。别人觉得奇怪,他"正色曰:'吾昔日放逸,今知过矣。'"。(《年谱一》)这又是他正宗的理学"居敬"功夫,这些都是属于朱子学的方法。在这段时间,阳明对朱子学的确奉若神明,正沿着其指引的成圣路径不断学习和实践。

王阳明先是"遍求考亭遗书读之",然后取官署中竹格之,"深思其理不得,遂遇疾"。他对着竹子整整格了七天,可见他求圣愿望是十分强烈的。而最终归于失败的经历,对青年王阳明来说是刻骨铭心的,对其心灵产生了巨大的震撼,以致几年后依然对此次失败感叹说:"遂相与叹,圣贤是做不得的,无他大力量去格物了。"(《传习录》下)

这样先后两次认真格物而失败的事件,对阳明的思想转向起了重要的影响。他体会到,向外求索的功夫无法解决自我安身立命的精神追求的问题。从此,格物功夫和与此相关的心、理关系(本体)的问题,一直困扰着王阳明,对这个问题的苦苦思索也促使他为自己建立学说而思考。

不过,阳明要找新的途径,也不是一蹴而就的。"格竹"失败后的困惑、失望一直伴随着青年王阳明"求圣"的心路历程,直至"龙场悟道"。

(一)"五溺三变"

有人以"五溺三变"描述阳明的思想与精神变迁的过程。"三变"指阳明在不同时期讲学的要点,所变亦不妨宗旨。阳明的哲友湛若水,述其"五溺":

> 初溺于任侠之习,再溺于骑射之习,三溺于辞章之习,四溺于神仙之习,五溺于佛氏之习,正德丙寅(元年),始归

正于圣贤之学。(《阳明先生墓志铭》)

据《年谱》所记,阳明幼年,聪明异常,而且"豪迈不羁"。他"初溺于任侠",始于街中,与群童戏排战事之节目。他从小喜好英雄事迹,尤向往汉朝马援的功业。15岁时,曾梦谒伏波将军庙。事后40多年,阳明逝世前,平思、田之乱后,竟然亲自拜伏波祠下,一切宛如梦中,真是"此行天定岂人为"!

阳明早学骑射,平常留心于兵事。26岁时,尤精究兵家之书,每遇宾宴,多聚果核列阵势为戏。其后,避居阳明洞,潜修学道时,也未废弃兵法,反而更进一步,求教于熟悉天文、地理与武术的处士许璋,受益甚多。

阳明的善射,曾于擒宸濠后当众显出。当时随从武宗南征的北军领袖张忠、许泰,自恃术高,强请阳明比射于教场中,意欲屈之。阳明勉强应邀,三发三中,许之辈反而因此大惧。其部下北军,在旁哄然啧啧。

青年王阳明读书不以举业和儒学为限,常常"游心于举业之外",其学无所不窥,就连一般士人不予留意的军事政治之学,阳明也十分留意。可以说,阳明在对外在的事功追求方面,是颇下过一些功夫的,这也为其后来在军事、政治方面建功立业打下很好的基础。

（二）泛滥辞章

阳明在《朱子晚年定论》中说："守仁早岁举业，溺志词章章习，既仍稍加从事正学。"黄宗羲也指出："先生之学，始泛滥于词章之学。"

阳明不仅诗文写得好，曾经沉溺得很深，而且与当时一批新生代的文人士子有着密切的交往，并进而成为当时在文学创作的实践中进行革新的人物。黄绾在《阳明先生行状》中说："己未登进士，观政工部。与太原乔宇，广信汪俊，河南李梦阳、何景明，姑苏顾璘、徐祯卿，山东边贡诸公以才名争驰骋，学古诗文。"阳明的散文早享盛誉，谪居龙物时所做的《瘗旅文》尤是杰作。他在嘉靖元年（1522），致大学士杨一清的信，亦表露高洁的文体。如此，阳明于 31 岁前，勤学辞章，遍读先秦和汉代散文，终于过劳成疾，得呕血病，因而叹息："吾焉能以有限精神，为无用之虚文？"（《年谱一》）对于王阳明在文学上的重要成就，虽然人们注意得不够，但历史上还是有确评的。当代，左东岭在《王学与中晚明士人心态》一书中，对王阳明在中国文学思想史上的重要地位，作了如下客观分析："就实际情形而言，由于王阳明一生的精力，主要用于讲学与事功，文学创作只不过是其副业，尽管他很看重人生的受用，也具备高雅的审美情趣，但所取得的实际成就毕竟是有限的，因而文学史上未给他以重要的地位，并非没有道理。从这一角度，说他的文学成就被其心学所掩是可以成立的。但从文学思想史的角度看,正因为其心学对其文学有直接的影响,从而使王阳明在明代甚至在近古的文学思想的演变过程中,具有了重要的意义。"他进一步认为,王阳明这种文学思想史地位形成的原因之一,是"作者自己对自然山水的文学贯注了一往情深,因而作品也不再需要用传统的意境标准加以衡量,而须代之以自然活泼的人生之趣。此类风格的诗文在前人那里,当然也可以时有发现,但作为整体风格出现在阳明的创作中,却应该引起足够的重视。因为此种风格的背后,有着深厚的思想背景作为支撑,它预示着一种新的文学思想潮流已经产生。尽管这种现象在王阳明身上尚未做出充分的显现,或者说,虽然已经显现却未能引起人们足够的关注,但在后来的文学潮流中,却日益显示出其巨大的影响力。如果认真追索明代中后期文坛所流行的文学思想,比如唐宋派与徐渭的本色说,李贽的童心说,公安派的性灵说,汤显祖与冯梦龙的言传说,都直接或间接地受到过王阳明的影响。从这一角度看,说王阳明的思想是明代中后期诸多文学思想的哲学基础,是并不过分的"。

不过,对青年王阳明来说,尽管他诗文创作上的成就和影响,在客观上推动了明代中期文学的革新运动,但这未必是他的本意,更未将此作为他追求的终极目标。词章之学对于青年王阳明来说,更主要是他在求圣道路上遇到挫折之后的暂时退避和调整,是他激越的进取精神的另一种宣泄,正因为如此,阳明不久就觉得"词章艺能不足以通至道"(《年谱一》)而不再热衷。

词章之学既然不能"通至道",那么它不但无益,而且有弊,因为"以有限之精神,弊于无益之空谈",反而会妨碍通达至道;"欲树之长,必于始生时删其繁枝;欲德之盛,必于始学时去夫外好。如外好诗文,则精神日渐漏泄在诗文上去,凡百外好皆然",所以王阳明强调为学"立志贵专一"(《年谱一》)。可见,王阳明放弃诗文等"外好",其主要原因它是"不足以通其道",不能成就圣人境界。

(三)出入佛老

阳明对佛老的关注主要基于三个因素:一是"辞章艺能不足以通至道";二是调息养生、治疗疾病;三是按朱子"循序以致精"的读书法读书,仍未能入圣道。

在 27 岁那年,阳明感到"辞章艺能,不足以通至道",想求师友于天下,又没得其人,为此心中惶恐不安。

28 岁时,阳明第二次以"循序以致精"的朱子之路,做穷理功夫。结果,仍无所得。却发觉顺朱子之路走,事物之理与我的本心终分为二,他意识到这是问题的症结所在了。在阳明看来,如果在外面而不在吾心,纵然把竹子草木之理研究得明明白白,又与我做圣贤有何关系? 有何要紧? 他此时又悟不出心与理如何归一。因此,他心情苦闷、抑郁,旧病复发。这时他偶闻道士谈养生,于是便动了进山修道的念头,渐渐留心仙道,讲究佛学。

阳明身体自年轻时就较弱,一直受到肺病的困扰。21 岁在京师因连日"格竹"而"遇疾"。27 岁又因学朱子、格物求理,"沉郁既久,旧疾复作"。30岁时,他"忽患虚弱咳嗽之疾……及奉命南行,渐益平复。遂以为无复他虑,竟废医言,捐弃药饵;冲冒风寒,恬无顾忌,内耗外侵,旧患仍作"(《年谱一》)。无奈上疏乞归治病,遂"养病归越,辟阳明书院,究极仙经秘旨,静坐,为长生久视之道"(黄绾:《阳明先生行状》),阳明一生始终受疾病的折磨,在他病逝前,他思归阳明洞天。显然,他思归阳明洞天的目的,就是想调治病体,修炼养生。所以他希望从道教术的了解和修炼中,治疗疾病,调息养生,自也是在情理之中。因为道教的养生术是道教最重要的内容之一。道教的一个最基本宗旨是追求人的得道成仙,长生久视。而达成此目的的一个前提,就是人的肉体生命的健康和延续,所以道教所关注和着力探讨的问题,就是如何使人有健康而无限的肉体生命。

30岁,阳明因公事之便,游九华山。九华山地藏洞有一位异人,"坐卧松毛,不火食"。阳明知道后,引起好奇心,便攀缘险岩去看他。到达时,那人正在酣睡,阳明摸其足,那人醒而惊问道:"道险,何得至此?"于是便为阳明谈及佛家最上乘的道理,并且说:"周濂溪、程明道,是儒家的两个好秀才。"后来,阳明再去找他,那人已离去了,阳明怅然,而有"会心人远"之叹。

30岁,阳明从北京告病归越(今浙江绍兴),在阳明洞正式做修炼功夫,行导引术,终于修到能够"先知"的地步。一天,他坐在洞中,忽见他的朋友王思舆等四人出绍兴城门,便命令仆人赶去迎接,仆人循路迎客,果然与四人相遇,大家都很惊讶,以为阳明得道了。阳明觉得这不是道,终于放弃了。他心中想离世入山,只因惦念死去的祖母和父亲,犹豫不决。后来,忽然觉悟,爱亲之念产生于孩童时,此念若抛弃,便是"断灭种性"了。

32岁,他离开阳明洞,转到西湖养病,有一天游寺庙,看见一个禅僧闭关,据说已经三年不曾说话、不曾开眼了。阳明忽然对他大喝一声,说:"你这个和尚,一天到晚说些什么? 眼睁睁地看些什么?"那僧人大吃一惊,不觉睁开双眼,开口与阳明说起话来。阳明问他家里还有什么人,答道:"有老母。"再问:"想念吗?"答道:"不能不想。"阳明便告诉他,爱亲出于本性,人怎么能用闭口闭眼来堵塞爱亲的念头呢? 一番话把禅僧说得感动得流泪,第二天便回家了。

阳明在阳明洞天静坐修炼后,终于"渐悟老释二氏之非",表示他的心思已从孝悌一念直接归到仁心天理,而当下承担,决不动摇了,例如他的学生萧惠"好仙释",阳明对他说:

> 吾亦自幼笃志二氏,自谓既有所得,谓儒者为不足学。其后居夷三载,见得圣人之学,若是其简易广大,始自叹悔错用三十年气力。(《传习录》上)(译文:我也自幼深信佛道两教的学说,自以为颇有收获,觉得儒家学说根本就不值得学习。但在后来,我在贵州的龙场待了三年,发现孔子的学问是如此的简易博大,这个时候才开始感叹,后悔枉花了自己三十年的功夫和时间。)

到此之时,心与理为一或为二的大疑团,便已临近解决的时候。但这需要一个大开悟。这步大开悟又需一个大机缘。而这个大机缘，要到 37 岁在龙场动心忍性之时，方才到来。

阳明对仙家之非的认识，并非某年一次性完成，而是有一个较长的"渐悟"过程。陈来认为："弘治十五年三十岁悟仙释之非，十八年三十三岁授徒讲身心之学，三十四岁与甘泉一见定交，可以说，三十至三十四岁是阳明思想由泛滥各家到归本圣学的转折期，我们不必如以往学者那样，一定要把某一年作为决裂佛道归本圣学的关节点，而应把这一转变视为一个过程。"（《有无之境》）

值得注意的是，王阳明认识到佛道之非后，也不是完全排斥、否定了佛道，而是仍有不少肯定和吸收，只是不再沉迷其中。

王阳明统摄万物一体和无住无滞等儒释道的意境，他认为良知是和合儒释道气象的儒家的新境界。

王阳明弘扬往圣前贤的仁论和万物一体论，以良知的"仁心感应"来证明万物一体，直抒其兼善天下的情怀："大人之能以天地万物为一体也，非意之也，其心之仁本若是，其与天地万物而为一也……是故见孺子之入井，而必有怵惕恻隐之心焉，是其仁之与孺子而为一体也；见草木为之摧折而必有悯恤之心焉，是其仁之与草木而为之一体也；见瓦石之毁坏而必有顾惜之心焉，是其仁之与瓦石而为一体也。"（《大学问》）（译文：圣人能够把天地万物当作一个整体，并不是他们有意去那么做，而是他们心中的仁德本来就是这样，这种仁德跟天地万物是一个整体……所以当他看到一个小孩掉进水井时，必然自然而然产生害怕和同情之心,这就是说他的仁德跟孩子是一体的。当他看到花草树木被折断、践踏时,必然会产生怜悯体恤的心情,这就是说他的仁德跟花草树木是一体的,当他看到砖瓦石块摔坏或砸碎时,必然会产生惋惜的心情,这就是说,他的仁德跟砖瓦石块也是一体的。)

先前,孔子曾讲仁者爱人,孟子讲仁民爱物;张载用气本论论证"民胞物与";程颢以知觉论证"仁者与物同体"。也应该看到,王阳明的"万物一体"也受了佛门的点拨。倡性具说的天台宗,说性起论的华严宗,乃至言翠竹黄花尽是法身的后期禅宗,他们都认为万物一体于真心,这对王阳明开万物一体于良知的理论,当然有助缘作用。

王阳明向往宁静淡定,这与他近20年沉浸于道学有关。由于他深受道门清静思想的浸染,从而舒缓了他在严酷仕途中的忧思焦虑。难怪他归宗儒学后,会以儒家之风骨融会道学虚静之情怀。他所留下的大量诗作便是明证,如《香山次韵》:"岩树坐来静,壁萝春自闲。楼台星斗上,钟磬翠微间。顿息尘寰念,清溪踏月还。"再如《山中示诸生》:"桃源在何许? 西峰最深处。不用问渔人,沿溪踏花去。"显然,无论在案牍繁忙之余,抑或在戎马倥偬之间,清幽自适总给了王阳明以灵魂的休憩和慰藉,使他能够继续其匡扶天下的伟业。

至于王阳明无住无滞的境界论,实也有赖于佛道的开悟。无住,即不住,指事物不会凝住于自身不变的性质,人的认识也不应以固定的概念当作事物固有的本质。《六祖坛经》宣称:"我这法门""以无住为本"。认为"于诸法上念念不住",即可使思想不受束缚,得到解脱。慧能讲"无念为宗","无住为本"。他的无念不是什么都不想,而是指不执着于任何念头。王阳明吸纳了佛道的无滞智慧:"人心本体原是明莹无滞的。""良知之体皎如明镜,略无纤翳,妍媸之来,随物见形……一过而不留。"意思是:良知是像明镜一样皎洁,没有丝毫的纤尘沾染,在镜子里,美丑自现……过后在镜子里一点也不留。"这一念不但是私念,使好的念头,亦着不得些子。"这就是说,因为着于私念,会使良知不能自然呈现;而着于好的念头,也会陷于"理障",良知同样不会起作用。根据阳明思想的要求,人对各种外部事物发生的情感都应"一过而化","不滞不留",不使这些情感有累于心,保持良好的心理素质和状态。

无住风范使王阳明受用不浅,使他能以自在无碍的胸怀去化解人生的跌宕起伏,如平宁王之乱。当时宁王有遮天蔽日之势,而王阳明只几千乡勇去平定号称有十万铁军的宁王大军,颇像是以卵击石。但是他的良知、他不计生死存亡的无住境界,激励着他慨然赴国难。正是因为不计得失,心无旁骛,所以他能专心用兵,最终取得平叛的胜利。事后,他曾遭群小的嫉功陷害,几乎难逃一死。所幸无滞境界又引领着他超然、豪迈地以绝境作为自己的磨砺地。可贵的是当他日后功成名就时,他的心境依旧:"今日虽成此事功,亦不过一时良知之应迹,过眼便为浮云,已忘之矣。"(《读先师再报海日翁序》)就这样,王阳明和合了佛道无滞无住的气象,在身肩儒者责任的同时,又不滞于是非祸福,有着大担当,又有着大自在,从而开创了儒家的新境界,也成就了他圣人的人生。

(四)龙场悟道

阳明到贵州龙场这个环境困苦的地方,已有 37 岁了。他自觉得失荣辱都能超脱,只有生死一念横于胸中,尚未化除。他特意造了一具石棺,自誓道:"吾惟俟命而已。"于是"日夜端居静默,以求静一,久之胸中洒洒,而从者皆病"。阳明此时的"俟命",是表示将现实中的一切全部放弃,不但得失荣辱不在念中,连自己生死的意志也予以否定。如此全部剥落净尽,就是孟子所说的"空乏其身"。因为身不空乏,则心不充实,一体之仁心真体亦不能呈现。阳明"日夜端居静然,以求静一",正是要澄汰胶着于现实的得失荣辱与生死之念,以期生命的海底涌现出光明的红轮。他"胸中洒洒",便是红轮涌现前一刻的征候。然而他的从者没有他这样的豁达胸怀,更没有他如此真切的道德践履之自觉,他们在这里很快便病倒了。此时的阳明却为他们挑水劈柴烧食,又咏诗歌、唱俚曲,为他们娱乐安慰。阳明心想,若是圣人处于此境,他还有更好的办法吗?恐怕也不过像我一样表现吧!半夜里,他忽然大悟,仿佛寤寐中有人叫他似的,呼跃而起,从者皆惊。从此,便发明了格物致知的"新心学"。据《年谱》记载,阳明龙场大悟的重要关节是说:"圣人之道,吾性自足,向之求理于事物者,误也。"求理于事物,即求理于心外,这是朱子之路。而王阳明在此大落难之后的大开悟中，所亲历印证的，则是"彻通人我物我之界限，而为人生宇宙之大体"的仁心真体。阳明后来所揭示的"良知"，即指此仁心真体而言。他所悟的并不是《大学》原文如何解释的问题，那是以后的事。龙场当时之悟道，则用他自己的一句话来说明。阳明曾说：

盖四书五经，不过说这心体。（《传习录》上）

四书五经讲的是圣贤学问。圣贤学问是"生命的学问"，属于内容真理。凡内容真理，皆系于一念之觉醒，皆系属于心体。离开心体，便没有圣贤学问。如《论语》以"仁"为主，《孟子》以"性善"为主，《中庸》以"诚""中和""慎独"为主，《大学》以"明明德""诚意"为主。《诗》以"温柔敦厚"为教，《书》以"百王心法"为教，《易》以"穷神知化"为教，《春秋》以"礼义大宗"为教，《礼》以"亲亲尊尊"为教。凡此，皆是属于内容真理而不能脱离主体。主体即是心，所以说"四书五经，不过说这心体"。龙场大悟所印证的，也正是这个仁心真体。故《年谱》在记述阳明大悟之后，接着又说："乃以默记五经之言证之，莫不吻合。"所谓吻合，当然不是字面上的事，而是说经文义旨，亦无非发明心体而已。阳明龙场悟道，便是这个道。契切于此，则物理吾心自然归一。阳明十年困惑，至此遂告解决。我们如果不明此意，而紧紧把住《大学》原文以求阳明所悟的格物致知之旨，则是所谓"刻舟求剑"，剑去远矣。

1505 年,王阳明在京师,首倡身心之学,与湛甘泉共倡圣学为事。他从此离开佛道,回归到完全认同儒学的立场。如果说朱熹到了 40 岁学问大旨始定,在这个意义上,阳明只是到了谪居龙场时创建心学,学问大旨始定,从此,阳明学术才真正有了自己的性格。

第十一章　人生目标:立志成圣

人生当立志,王阳明在贵阳的龙场收过一些弟子,写了四个教条送给他们,这四条是:立志、勤学、改过、责善。责善,即责备劝善。在《立志》篇里,阳明在第一句就说:"志不立,天下无可成之事。""志立而学问之功已过半",这句话揭示了学问的动力。又说:"立志而圣,则圣矣;立志而贤,则贤矣。"这几句话,可以作为天下学子的座右铭。阳明说,学生无所事事,虚耗时间精力而不知羞耻,主要原因就是没有立志。他拿当时的学者打比方,他们因为没有成圣的志向,一心只想着功名利禄,最终只落得学书不成、学剑不成。没有志向,就像舟无舵、马无衔,生命没有方向,便会缺乏生活的信念。阳明还用植根、灌溉来隐喻立志的重要性,志不立就好像种树不种根,徒劳地灌溉,最终也不见树的成活。

阳明提出要把立志做圣贤摆在最要紧的位置。显然,立志包含认知和行动效果两个层面。立志包含着求知,但不只是认知之知,作为一种内省检查的形式,求知同时把人的当前生存状

态转变成筹划未来理想的状态。的确,只有把立志理解为产生
转变的自我反省,立志才是求知。同样,立志包含着行动,重新
安排生存处境并影响人生的整个层面,而行动作为有意识的设
计的实现,绝不是盲目的行动。因此,只有把立志理解为有意向
的自我肯定,立志才是行动。求知引起人生的根本改变,行动带
来新深度的见解。因此,立志做圣贤的抉择结构中,知和行形成
一个统一体。阳明告诉人们,做圣贤的路必须从立志开始。

　　既已立志,就要坚持不懈。一个决心或目标如果只有临时
性的,就算不上志。因此,阳明要求他的弟子参加君子的共同
体,立志做圣贤。阳明告诉我们一个要诀:立志与自信心是紧密
相连的,我的良知与圣人同,人人都有为圣为贤的先天条件,人
人都应拥有自信心,圣人可学而至的信念着实应该常驻在我们
心间。

　　那么,阳明的"心学圣人观"与儒家传统的圣人观有什么两
样呢? 传统圣人观注重一个人的才力因素,用今天的话来说,就
是注重一个人的知识才能;而阳明跟朱子唱了一出对台戏,阳明
认为德性才是衡量圣人之为圣人的唯一尺度。阳明这个说法,
实际上解决了"满街都是圣人"的理论可能。

　　王氏评价圣人虽然着眼是纯德性方面,即要有完美的道德,
但也兼顾知性一面,他说:"谓圣人为生知者,专指义理而言,而
不以礼乐名物之类,则是礼乐名物之类无关于作圣之功矣。"
(《答顾东桥书》)意思是说,称圣人生而知之,是专门就义理而言
的,并不是指礼乐名物这些东西,礼乐名物这些和成为圣人无

关。"义理"是"道","礼乐名物"是"器",圣人以"道"识"器","则是学而知之者,亦惟当学知此义理而已"(《答顾东桥书》)。学而知之的人,也应该只是学这个义理罢了。

阳明对于德性与才质,曾有一个极为恰当的比喻。他说,人心好比金子的成色,人的才质又好比是金的分量;正如金子的分量不能影响金子的成色一样,人的才质的大小,也不能影响一个人心的纯粹。所以只要金子的成色足,就表明它是真金。同理,只要人心纯乎天理,无论其才质大小,都不会影响其成为圣人。这个道理同样适用于我们每一个平凡人,大家虽然才力不同,但天理相同,都可以成为圣人。从总的倾向性来看,程朱理学与陆王心学圣人观的分歧:"理学中程朱派比较重圣的'智'的性格,因而比较强调圣之学中的知识取向。心学只强调'仁'的性格,突出成圣的德性原则。"(陈来:《有无之境》)王阳明将圣人的本质规定在德性之上,其目的在于破坏圣人生而知之、圣人有能的"神"的遮蔽,使人感到"圣人可学而至",恢复圣人作为"人"的本色,这一做法无疑有其历史的合理性。同时,王学提出新的"圣人"观,在学习思想上具有"解放"、"开禁"的意义。王阳明提出"人人皆可尧舜",即人人都可成为圣人,这对反对学习思想中的"独断论"、"先知论"、"天才论"具有特殊的价值。

王阳明在《重刊文章轨范序》中断言,为做圣贤而学习与为了通过科举而学习,基本上是背道而驰的。可是,阳明承认,由于科举是做官的唯一道路,所以,有大志的人要想在天下施行他们的崇高志向,就必须达到这个要求。然而,虽然通过考试是治国的前提,但只是过渡性的步骤。因此,如果你想仿效伊尹、周公等优秀大臣的楷模,承担起提高皇帝的水平的责任,使他做尧、舜一样的君主,那么你就必须培养自己的品德,然后再参加科举考试,否则,做官只不过是攫取私利的手段。阳明还说,君子做官,是为了行道。如果不行道,就只是窃取官位。

从阳明 11 岁立志"做圣贤"始,至 34 岁教人"必为圣人之志",已有 20 余年了,个中曲折艰难非常人所能尽知。其实,阳明"必为圣人之志"含有双重意义,一是光大儒家之学,承读"道统";二是践履儒学,必为圣贤。阳明钻研儒学,尤其是宋儒之学,痛感他们将"心"与"理"截然割裂为二,在学说体系中不能融会贯通。此是其心病,甚至于导致其身病。

阳明曾在《别湛甘泉序》一文中,详细探讨了世人不好圣学、不为圣贤的原因。他指出:"颜子没而圣人之学亡,曾子唯一贯之旨传之孟轲,终又二千余年而周、程续。自是而后,言益详,道益晦;析理益精,学益支离无本,而事于外者益繁以难。"为何说,"圣人之学亡"后又讲"曾子唯一贯之旨传之孟轲"呢? 关键是"圣人之学"的"学"是动词,不是名词。"圣人之学亡"并非指儒家学说消亡,而是说"学以为圣贤者没有了"。颜回是孔门中以德行者著称,也被认为最与孔子相似,后世称其为"复圣",即便大儒孟子也只能屈居为"亚圣"。因此阳明说颜回之后,就没有"学以为圣贤者"了。而儒家学之宗旨则由曾子传之孟轲,两千年后再由周敦颐、二程光大之。此后,"圣人之学"的"学"被众多学者误以为只是一种"学问"或学说",当作名词用。因此,宋儒

(尤指朱熹)转而走上析理求精的道路,结果虽然言语越来越详,辞章训诂越纯熟,但儒学之本——成圣成贤反而无人问津了。

人们认为"圣人之道"太高远,不可能做到,勉强为之,不过是劳而无功,因此不想将其立为人生之志。正是因为放弃"成圣成贤"之志,所以"学"就仅仅限于几部儒家经典中,摘章寻句,辨名析理,求取功名利禄。在阳明看来,这是极大的谬误。他深刻反省自己在年轻时也曾误入歧途。阳明以二十余年的生命时光,先习骑射,后好辞章,再学仙佛,最终恍然大悟,才坚定学习"圣学"之决心,过程不可谓不长,曲折不可谓不多,苦恼不可谓不深。但阳明与世俗之学人不同之处是,其率性之真,终其一生立其学之本在"自得",是实做"圣贤",而非专营辞章训诂。

青年时代的阳明很少在一个时期专注于一种学问,他左顾右盼,同时尝试着各种"道术"。但也不可否认在他的家庭及他所浸染其中的社会环境中,"圣人之学"始终是他仰慕向往的一个主要目标。

阳明虽终身"学以为圣人",并立志为此死而后已,那么他自己是否成为圣人呢?阳明本人不好自称,其弟子亦不敢肯定。有些儒生把儒学视为通过"场屋"考试的敲门砖,谋取利禄的工具,认为"成圣成贤"是不可能的。王阳明则从"人皆可以成尧舜"的古训出发,肯定"满街都是圣人",因为"个个人心有仲尼,自将闻见苦遮迷。而今指与真头面,只是良知更莫疑"。(《咏良知四道示诸生(之一)》)意思是:有仲尼,是说人人皆与孔子同此心、同此理。此心此理,即是良知。只因常人蔽于见闻俗习,将这个天所与我的良知遮迷了，故不敢亲体承当。其实，一念警策，自反省即得。孔子曰："我欲仁，斯仁至矣。"阳明之意，实本于此。这是说，因为人人生而具有"良知"，而"心之良知是谓圣"，圣人之学是一种学圣的过程，在阳明那里，"学圣唯是致此良知而已"，因此，做圣人就是发显、推致、光大其"本心"。王阳明作为一代心学宗师，是中国孔夫子之后的第二个圣人，很关键的原因，阳明和孔夫子都是社会变革时代的产物，孔子在文明的初级阶段顶天立地，王阳明在传统社会向近代社会转型时期特立独行，适应了时代的发展。

从王阳明立志为圣贤的人生追求来看，其给现代人之人生观的启迪是：一个人要有远大的前途、做大事，非要早立高远之志向不可。志向高，人生势能才大；志向远，人生追求之动力才持久。反之，志向低、志向小，则人生动力有限，人生发展有限，最终人生之成就必不大，阳明因其能以几乎不可能实现之圣贤为志，所以能历千辛万苦而不动摇，蒙九死一生仍勇往直前，这样，其开拓之人生事业宏阔无比，做出了惊人的世功和学问，获得了不朽之人生成就。

从上述分析中，我们能够认识到："志"者，动机也，这个动机的树立，不是从功利性的结果来形成，亦非从学说的完整和辨析来看，而是从自我心性本"仁"（良知）的体认与发现来获得。一个人只要有"成圣成贤"的动机，又有努力实行的人生行为，那就足够了，结果如何，效果怎样，是否真的能够成为"圣贤"，则不必在意。所以阳明说："人惟患无志，不患无功。"也就是说，一个人最终是否成了圣贤,关键是是否有成圣成贤的追求,并实实在在做圣贤之事。可见,立圣贤之志,才是关键。若人人如此之思,如此之行,那么提升中国人的道德品质、推进和谐社会和谐世界的建设也就不难了。因此,在今日要改变经济发展而道德滑坡的现象,要重振道德教化,一定要改变效果论的做法,抛弃空谈理论、学术清谈的方式,恢复动机论和实践论的提倡,这就是我们在现代道德建设中,研究王阳明人生追求的理论价值和实践意义。

第十二章　人生境界"狂者胸次"

佛家喜欢用境界一语,儒家则多用"胸次",亦指精神境界。"良知"的信念与实践使阳明在无数次危机中从容应对,终于化解危机,经受住了人生严峻的考验,这使阳明更加坚定了对于良知学说的自信。后来他回到了山阴,与门人回顾江西平藩之后那一段险恶处境时,曾说:

> 诸君之言,信皆有之,但吾一段自知处,诸君俱未道及耳。我在南都以前,尚有些乡愿的意思在,我今信得良知真是真非,信手行去,更不着些覆藏,我今才做得个狂者的胸次,使天下之人都说我行不掩言也罢。(《传习录》下)(译文:你们各位所说的原因,当然也很有可能是这样的,但我自己知道的一个方面,大家还没有提到。我在来南京之前,尚有一些当老好人的想法,但是现在,我确切地明白了良知的是非,只管去行动,再不用有什么隐藏,我现在才真正终于有了敢作敢为的胸襟。即便天下人全都说我言行不符,

那也没有什么关系。)

阳明认为,他在46岁以前还有些乡愿的意思,而到平藩之后,才达到了"狂者"的境界。照这里所说,所谓狂者胸次指知得"良知真是真非,信手行去,更不着些覆藏"。如果掩饰覆盖、隐蔽藏私,便不是良知之真是非。一切只依良知真是非而行,不委曲,不敷衍,没有瞻顾,没有回护,便是"狂者胸次"。

"狂"的讨论见于《论语》的《子路篇》:"子曰:不得中行而与之,必也狂狷乎!狂者进取,狷者有所不为也。"孔子说:如果中道之人难于遇到,则宁可和狂狷之人同游,因为狂者有很高的志向,狷者不随波逐流。

王阳明并不认为"狂者"是理想人格的最高标准,狂者毕竟还不是圣人,但是狂者能够"一切纷嚣俗染不足以累其心,真有凤凰千千仞之意",远远超出了常人的境界,距圣人境界已经不远,所以说狂者"一克念即圣矣",再加克念之功就可达到圣人境界。"狂者"志存高远,直道而行,从不需掩饰什么,所以只要"一克念"即可以入圣人之列。阳明告白天下,自己是一个只听任内在良知而行的"狂者",对世俗之种种非议毫不挂于心,功名利禄也毫无所动。

"乡愿"的本质是"媚",为了博取他人的赞许,隐瞒自己的主张,顺从他人的意见或只讲他人不反对的话。阳明认为,南京以前,他未能免于乡愿之意,可能指他为了不引起别人的非议,顺从流行的意见,而未能像狂者一样,"信手行去,更不着些覆藏"。

　　在平濠之后,阳明认为才达到了"一切纷繁俗染不足以累其
心"的狂者胸次。在宸濠之变中,不待圣命,阳明毅然决然聚各
郡县之兵直捣南昌。当然更能表现他"狂者胸次"的是阳明谪居
贵州龙场时,思州太守属下一小吏,借故羞辱阳明,要其下跪谢
罪。阳明坚拒之。"跪"与"不跪",并不取决于权势地位的高低,
而以礼义为标准。阳明此虽为"废逐小臣",亦决意不受逼迫而
下跪,却是凛然一身正气。"狂者"之能"狂"的关键,在持有道
义。阳明自信忠信礼义之道在握,故能大丈夫行于天地之间,能
够无所畏惧,堂堂正正。在平濠以后,阳明已不再能忍受那种乡
愿态度的折磨,一切世俗的顾虑、计较、追求,他皆已置之度外,
率性而行,勇往直前,义无反顾。他认为,狂者最接近圣人之境。
狂者敢于突破平庸,超脱俗染,其本质在于狂者了解"一切俗缘
皆非性体",这里的性体即是心体,亦即四句教无善无恶心之体
之意。超越世俗性的牵累,在阳明看来,为学的关键。

　　嘉靖三年(1524)八月,正是中秋时节,阳明设席于天泉桥,
赴宴者仅门生就有一百多。酒半酣,歌声渐起,门人或投壶劝
酒,或击鼓助兴,或泛舟湖中,好一派"风乎舞雩,咏而归"之景。
阳明退而作诗二首:

其一

　　万里中秋月正晴,四山云霭忽然生。

　　须臾浊雾随风散,依旧青天此月明。

　　肯信良知原不昧,从他外物岂能撄?

老夫今夜狂歌发,化作钧天满太清。

其二

处处中秋此月明,不知何处亦群英?
须怜绝学经千载,莫负男儿过一生!
影响尚疑朱仲晦,支离羞作郑康成。
铿然舍瑟春风里,点也虽狂得我情。

前一首一二句写景,三四句则承上二句而转为借喻,浊雾风散,是喻利欲俗见一扫而空;青天此月明,是喻良知心体朗现明照。撄(yīng):扰乱。良知呈现做主,自能明辨是非善恶,不受外物扰乱。钧天:《吕氏春秋》:"中央早钧天。"太清:天也。亦即太虚。良知即天理,良知之感应,彻通物我内外。心充满宇宙,理充满宇宙。(黄梨洲《明儒学案序》云:"盈天地皆心也。")

后一首五六句意谓朱子析心与理为二,于圣人之道犹在影响之间,至于郑玄注疏之业,太涉支离,未能发明道之本真,故不屑为。最后二句则是本于《论语》"吾与点也"章而言。阳明见群弟子投壶击鼓,行舟放歌,有如曾点之春风舞雩,舍瑟铿然。虽疏狂而可与入道,故曰"得我情"。

全诗以明月喻"良知",坚信虽有阴霾之遮蔽,终会云散雾消,"良知"勃然而显,阳明自信悟此"良知"乃是知载绝学,是他"百死千难中得来",故而在此月白如昼、清风徐徐中,他勃然"狂歌发";又以孔子赞美曾点之"狂"得我情之故事喻己之心情。

"天泉夜宴"可以说是一出人生大戏,是阳明"狂歌胸次"之经典显现，而其一生的事迹无不说明：他遵循内在良知的导引，生死以求成圣成贤，终至于"狂者"而后已，与圣人之境只在毫厘之间，真正实现了一位儒者之"希圣希贤"之求，为天下人矗立起一座人生的丰碑。

圣门"狂者胸次"正不易得。故孔子"不得中行而与之，必也狂狷乎！狂者进取，狷者有所不为也"。孔子的意思是：我找不到言行合乎中庸之道的人与其交往，那一定要同狂者和狷者交往了。狂者有进取心，狷者绝不肯做坏事。因为在不可求得最"中"的条件下，只好求其次。这本身仍是合乎中庸之道的。狷者有所不为是"有守"，即能守道，有守是立得住；狂者进取是"有为"，即能行道，有为是行得去。必有守而后乃能有为，有守有为乃能进于中道，登入圣域。"狂者"毕竟还不是"圣人"，其理想的境界终究还是"圣"，人必须由狂入圣，而不能"自足而终止于狂也"。狂者精神，最能超脱凡俗，卓然挺拔，但如果不在事上磨炼，以入于精微笃实，则渐有"轻灭世故，阔略伦物"之病。所以一般名士之人，则大体是肆无忌惮的假张狂，不足算也。

王阳明不但"口吐狂字"，他的一生还特别"背得要命"。他抗疏直言，得罪了把持朝政的阉党，被打了四十大板后又贬谪贵州龙场；他剿灭土匪、平息朱宸濠叛乱后，又被小人诋毁；辞官回乡讲学多年了，却又被朝廷征召去负责平息广西思田一带暴乱；因病请辞而未予受理，最终客死江南南安舟中。他的一生可谓身遭厄运，却依然选择向内用功，高扬良知，挺立主体，与外在强力抗衡，这实际上是一种境界。

这种境界在以前被说成唯意志论,强调意志的至高性,但现在不妨换种说法——主体精神。人是会思想的芦苇,这是西方的名言。人是建立在每个个体有自己的选择、自己的观念、自己对问题的判断、自己的主张的基础上,如果这些都没了,那么,抽象的人类也就没有了。

从这个观点来看,"无善无恶心之体"只是指出狂者境界的内在根据,而"为善去恶"才能最终实现圣人的境界。为善去恶就是"克念"。阳明的终极的理想境界,是为善去恶与无善无恶的统一,最终并没有脱离儒家固有的立场,他是孔夫子之后的第二个圣人。

第十三章　阳明学在当下的意义

　　文化是一个国家、民族的灵魂和血脉。优秀的传统文化可以穿越时空、照耀古今。王阳明的思想学说对当今这个时代仍然具有十分重要的现实意义。

　　(一)阳明学比朱子学更加注重行动、活动、感性的实践,换言之,中古哲学家的独自冥想、脱离实际生活的个人玄想,都不是王阳明所主张的。他提倡"在事上磨炼",这样的哲学精神,不仅在16世纪时代是一种新的哲学的兴起,在现代社会仍然有其意义。这种精神合于19世纪以来实践哲学的发展,马克思的名言"过去的哲学家只是解释世界,而问题在于改变世界",最明显地体现出"知行合一"的要求,哲学不能只是知,哲学必须引导为行动的实践。当代哲学家对社会实践的重视和关怀,已经成为一种趋势。如果说近代以前的中世纪哲学是以冥想为主的静的哲学,那么近代哲学无疑在精神上更突出对实践的关注。在这个意义上,阳明学的精神和近代哲学是相通的。

　　(二)阳明晚年很重视"万物一体"的观念,亦称"万物同体"。

强调一体观念表现为人与人之间的诚爱无私。他在《大学问》中更清楚阐发了这一观念:"大人者以天地万物为一体者也,其视天下犹为一家,中国犹一人焉。若夫间形骸,分而我者,小人矣。"从儒家思想史的发展来看,这种万物一体的思想,是仁的思想的新的发展和表达,构成阳明学的一种特色。这一思想在 21 世纪的现代社会有重要的意义,其意义便在于它是东亚文化所提出的一种普世价值,而它的伦理价值不是特殊主义的(特定的家庭、特定的集体),而是普遍主义的。万物一体的道德关怀是指一切人,甚至宇宙万物,所以它不仅对人类和平发展提供伦理支持,对生态与环保也提供一种伦理支持。近代以来,欧美社会的自由、民主、人权被宣传为普世价值。事实上,根源于亚洲文化传统的一些价值,也是普世价值。

(三)王阳明倡导的心学,非常强调个体意识的主体性,并且反对盲从权威,包含着一定的进步意义。他曾说:"学贵得之于心,求之于心而非,则虽言出于孔子不敢以为是。""学,天下之公学也,非朱子可得而私,非孔子可得而私。"就是说,任何思想的权威,都必须通过自己的独立思考的理性检验,反对迷信,反对绝对权威,这些思想在当时客观上起到了解放思想的作用。

王阳明的整个思想,不仅在于对当时已被教条主义化了的朱熹思想的挑战,而且在于突出了人的主体性、道德的主体性。由于他的学说在一定程度上突破了被教条化的程朱理学的束缚,开出了思想文化的新局面,对明代中晚期的思想文化发生了重大的影响。

有位学者说得好：归根结底，阳明学是彻底的"心学"。它的发挥，全看其学说的后从与他们"治心"之切。这是阳明学的活力所在，也是它的"主观性"的潜在危机。但是"心学"实不可废，它也有永恒的价值，若是人们忘了心，而去"逐外物"，则会发现另一危机。这是我们处于繁荣世界、物欲横流的今日，不容忽视的。

（四）当今社会很有一部分人道德失范，社会风气污染，其中部分原因是因为人心抵挡不了外在物质的诱惑造成的，人心软弱了，失衡了，像迷途羔羊，失魂落魄似的，在这样的时候，王阳明使人觉得特别珍贵，他强调心的力量，强调自我做主，自我主导，强调心的至高性、优先性、主导性，来抗拒外在的诱惑、压力和话语等各种东西。他在当时是一个特立独行的思想家。他是一个圣贤，是我们民族敬仰学习的榜样。以"成圣成贤"为人生追求。王阳明 11 岁就立志"成圣贤"，经过长期艰苦的探索，在获得"成圣成贤"的方法和途径之后，34 岁的王阳明教人的，并不是最终非要"成圣成贤"，而是"必为圣人之志"，去"希圣希贤"，倡知行合一之教。"志"者，动机也。这个动机的树立不是从功利性的结果来形成，亦非从学说的完整和辨析来看，而是从自我心性本"仁"（良知）的体认与发现来获得。一个人只要有"成圣成贤"的动机，又有努力实行的人生行为，那就足够了。效果怎样，结果如何，是否真的能够成为"圣贤"，则不必在意。所以阳明说："人惟患无志，不患无功。"也就是说，一个人最终成不了圣贤不要紧，关键是要有成圣成贤的追求，并实做圣贤之事就行了。可见,立"圣贤"之志才是关键。若人人如此之思,如此之行,那么提升中国人的道德品行、推进和谐社会的建设也就不难了。

(五)从王阳明立志为圣贤的人生追求看,给我们现代人的启迪是:一个人要有远大的前途、做大事、就非要立高远之志不可。志向高,人生势能才大;志向远,人生追求之动力才持久。反之,志向低、志向小,则人生动力有限,人生发展也有限,最终人生的成就必不大。王阳明立高远之志,所以能历尽千辛万苦而不动摇,蒙九死一生而勇往直前,这样,其开拓的人生事业就宽阔无比,就能做出惊人的世功和学问,获得不朽的人生成就。

(六)王阳明最大的成就是他的心学思想。心学思想的要义是从内心增强道德力量和提升精神品格;在道德与知识的关系上,强调道德的本体性和知识的辅助性,应以道德统摄、收归知识。这就给了我们重要启示:读书学习,钻研学问,首先要修身养性,培育良好的道德和品格。应该说,朱熹和王阳明在这一点的认识是一致的,他们都在追求"圣学","学以成为圣人"是共同的目的。但他们对如何成为圣人的方式有着不同的预设,从而导致了理学与心学思想面貌的逻辑结构的差异。

朱熹从"物之理"中致良知,先知后行,容易偏离心学目的,导致知识化倾向;王阳明从"心即理"中致良知,知行合一,则是维护圣学目的,把人们心中的圣人本质表现落实到日常生活和行动实践。因此,王阳明的心学思想坚持把修身养性放在读书学习的第一任务,强调只能在修身养性中获取知识,甚至认为获取知识也是为了修身养性。所谓修身养性,现在的说法是培育人文素养。人文素养就是对人与人之间的关系的认识及其躬行实践,展示的是对人类生存意义和终极价值的关怀,追求的是人生和社会的美好境界。当今社会,人们学习知识和获得学位已不成问题,而往往容易忽视人文素养的培育。这就使王阳明的心学思想有了积极的现实意义。

那么,如何培育人文素养呢? 我个人认为,学习实践文学、历史和哲学,是培育人文素养的重要途径。从某种意义说,文史哲的功能就是研究人、为了人。一切文学都是人学,历史是时间与人的相互关系,哲学最高层次的思考是对人的思考。希腊德尔斐阿波罗神庙的门柱上就镌刻着"认识你自己"的箴言。学习实践文史哲,重在其中的人文精神,次在其中的知识获取。不论你攻读什么专业、处在什么年龄段,都要注意学习实践文史哲,培育人文精神。一个有人文素养的人,既尊重别人,也尊重自己。懂得尊重别人——他不霸道,因为不霸道所以有道德;懂得尊重自己——他不苟且,因为不苟且所以有品格。

(七)王阳明的"亲民"思想具有现实意义。

王阳明以仁义、亲民作为政治原则,他每到一地,就将理事厅称作"亲民堂",以此来拉近与百姓之间的距离。在阳明"良知学"体系中,有着丰富的亲民思想。他的亲民思想有三大内容:一是爱民保民,二是顺应民心,三是安民富民。他任江西庐陵知县时,于莅位之初,就首询里役,了解民情,并按明初旧制,慎选里正三老,处理民事纠纷。又多次告谕父老乡亲,训诫子弟,抓紧农时力耕，息争向化，不事严刑。他又在用兵之余，到处兴学，多次奏请宽租养民。嘉靖六年，广西思恩、田州和断藤峡、八寨僮、瑶族民众暴乱，王阳明了解到，那些民众是因为不满改土归流、民族歧视，就采用安抚办法，"调理"得法，妥善处理，终于以"不折一矢，不戮一卒"而处理平息了暴乱。

王阳明把"止于至善"作为规范"明德"和"亲民"的极则，反对学人和从政者的两种为学倾向：一种是空洞地坚持"明明德"的修养，"然或失之虚罔空寂，而无有乎国家天下之施者"（《亲民堂记》），他以为这是"明明德"脱离了"亲民"的道德实践，会流入佛、道的空谈心性，不关世事；另有一种，即"固有举欲亲其民者矣，然或失之知谋权术，而无有乎仁爱恻怛之诚者，是不知亲民之所以明明德"（《亲民堂记》），他认为这是"五伯功利之徒"。王阳明的亲民思想强调"为政者"要顺应民心，以民之好恶为好恶。当前人民群众对现实最关注的四大焦点是：反腐败，改善民生，保护生态环境，解决道德滑坡问题。这些问题解决好了，实现中华民族伟大复兴就有了扎实的民意基础。这也是我们今天学习王阳明思想的现实意义所在。

阳明学作为中华优秀传统文化之一，并非只有"博物馆的价值"，它经由今人的诠释和解读、价值的重估与创造性转化，理应对现代化的偏差与人性的异化，起到某种纠偏补弊的作用。

附录一　王阳明语录选译

（1）此心无私欲之蔽，即是天理，不须外面添一分。

（当人心还没有被个人私欲所蒙蔽，不需要从外面添加一丝一毫，人的内心就是天理。）

（2）心即理也，天下又有心外之事、心外之理乎？

（心就是理，难道天下有什么事物和道理是在人心之外的吗？）

（3）知是行之始，行是知之成。

（知是行的开始，行是知的成果。）

（4）身之主宰便是心，心之所发便是意，意之本体便是知，意之所在便是物。

（身体的主宰便是心，心发出来的便是意念，意念的本源就是感知，意念存在于事物之上。）

（5）人到纯乎天理方是圣，金到足色方是精。

（人纯然合乎天理才是圣人，成色饱足的金才是纯金。）

（6）持志如心痛，一心在痛上，岂有功夫说闲话、管闲事？

（秉持志向的时候好像犯了心痛，一心只在痛上面，哪还有时间去说其他闲话，管其他闲事呢？）

（7）人须有为己之心，方能克己；能克己，方能成己。

（人需有为自己考虑修养的心，才能克制自己；能够克制自己，才能让自己有所成就。）

（8）无善无恶者理之静，有善有恶者气之动。

（无善无恶是天理的静止状态，有善有恶是气的动态产生的。）

（9）只在此心纯天理上用功，即人人自有，个个圆成。

（各人只尽自己所能在存天理这方面下功夫，就会人人自然有所成就，功德圆满。）

（10）种树者必培其根，种德者必养其心。

（种树的人定会先栽培树根，培养德行的人定会先存养心性。）

（11）夫圣人之心，以天地万物为一体，其视天下之人，无外内远近，凡有血气，皆其昆弟赤子之亲，莫不欲安全而教养之，以遂其万物一体之念。

（圣人的心和天地万物是一体的，他看待天下所有的人，没有内外远近的区分，凡是有血有呼吸的，都是兄弟儿女般至亲的人，无一不想给他们安全感，并且教养他们，以实现他与天地万物为一体的心愿。）

（12）夫万事万物之理不外于吾心。

（万事万物的道理并不在我们心外。）

（13）不可外心以求仁，不可外心以求义，独可外心以求理乎？

（不能在心外求仁，也不能在心外求义，难道就独独可以在心外求理吗？）

（14）知之真切笃实处即是行，行之明觉精察处即是知。

（认知确切之后付诸行动就是实践，行事实践之后明确的体察便是认知。）

（15）真知即所以为行，不行不足谓之知。

（真正的理论是能够指导实践的，不实践就不足以称为认识。）

（16）人胸中各有个圣人，只自信不及，都自埋倒了。

（人的心里自然各有一个圣人存在，只是因为不能够自信，便自己把圣人埋没了。）

（17）人若知这良知诀窍，随他多少邪思枉念，这里一觉，都自消融。真个是灵丹一粒，点铁成金。

（如果人熟知这良知的诀窍，无论多少歪思邪念，良知一旦察觉，自然会把它们消融掉。就像一颗灵丹，能够点铁成金。）

（18）知来本无知，觉来本无觉，然不知则遂沦埋。

（知道了原本不知道的，觉察到了原本没有觉察到的，但是如果不知道良知，良知就随时会被淹埋了。）

（19）大人者，以天地万物为一体者也。其视天下犹一家，中国犹一人焉。

（所谓"大人"，指的是把天地万物看成一个整体的那类人。

他们把普天之下的人看成是一家人,把全体中国人看成一个人。)

(20)圣学只一个功夫,知行不可分作两事。

(圣人的学问只是一个功夫,认识和实践不能当作两回事。)

(21)定而不扰扰而静,静而不妄动则安,安则一心一意只在此处,千思万想务求必得此至善。

(志向安定,心就不会纷纷扰扰,平静且不乱动就能够心安,心安就能一心一意专注于至善。)

(22)乐是心之本体。仁人之心,以天地万物为一体,欣合和畅,原无间隔。

(快乐是心的本体。仁者的心情快乐,是因为他与天地万物为一体,愉悦地在一起,和气舒畅,没有隔阂。)

(23)目虽视而所以视者,心也;耳虽听而所以听者,心也;口与四肢虽言动而所以言动者,心也。

(虽然是眼睛在看,但让它看的是心;虽然是耳朵在听,但让耳朵听的是心;口和四肢虽然能说能动,但让口和四肢说的和动的是心。)

(24)“在物为理”,“在”字上当添一“心”字,此心在物则为理。如此心在事父则为孝。

(“在物为理”,“在”的上面应该添加一个“心”字,此心在物则为理。例如,心在侍奉双亲上就是孝的理。)

(25)悔悟是去病之药,然以改之为贵。若留滞于中,则又因药发病。

（悔悟是克服缺点、错误的良药，贵在改正。如果把悔恨留在心里，不以行动改正缺点、错误，那又是因药，即悔悟，而生另一种思想病了。）

（26）夫良知即是道，良知之在人心，不但圣贤，虽常人亦无不如此。若无有物欲牵蔽，但循着良知发用流行将去，即无不是道。但在常人多为物欲牵蔽，不能循得良知。

（良知，即为道，它就在人的心中，不仅圣贤，就是平常人也是如此。若没有物欲牵累蒙蔽，只靠良知去发挥作用，那将无处无时不是道。然而，平常人大多被物欲牵累蒙蔽，不能遵从良知。）

（27）毁谤自外来的。虽圣人如何免得？人只贵于自修，若自己实实落落是个圣贤，纵然人都毁他，也说他不着。却若浮云掩日，如何损得日的光明？若自己是个像恭色庄、不坚不介的，纵然没一个人说他，他的恶慝（tè，意思是恶念）终须一日发露。所以孟子说"有求全之毁，有不虞之誉"。毁誉在外的，安能避得？只要自修何如尔。

（毁谤是从外界来的。就是圣人也在所难免。人只应注重自身修养。若自己的确是一个圣贤，纵然世人毁谤他，也不会说倒他，能将他怎么样呢？这就如同浮云遮日，又如何能损坏太阳的光辉呢？若自己是个外貌恭敬庄重、内心空虚无德的人，纵然无人说他坏话，他隐藏的恶心终有一天会暴露。因此，孟子说："有过于苛求的诋毁，有意料不到的赞誉。"毁誉来自外界，岂能躲避？只要加强自身修养，外来的毁誉又算得了什么呢？）

附录二　圣迹缅怀

王阳明故居

浙江余姚市除有阳明出生地"瑞云楼",还有读书处"龙泉寺"、讲学处"中天阁"、"新建伯牌坊"等,另有"阳明祠"、"阳明亭"、"故里碑亭"等纪念物。2006年,王阳明故居被命名为国家级重点保护单位。

2007年4月5日,王阳明国际文化周活动正式启动,国内外"王学"专家汇聚王阳明的故乡余姚,发微探幽,弘扬"王学"。

"四碑亭" 浙江余姚龙泉山上"四碑亭",留有纪念王阳明的碑。碑文是:明先贤王阳明故里。楹联:曾将大学垂名教,尚有高楼揭瑞云。横额:真三不朽。

阳明祠 始建于清嘉庆十九年(1814),自1529年王阳明逝世后,贵阳人为纪念他而修建。阳明洞天,位于今贵阳市修文县,龙场悟道处,今阳明精舍所在。为了纪念这位巨人,在修文阳明洞、贵阳扶风山,都建起了王文成公祠,还修建了规模宏大的阳明园。

　　王阳明办过三个书院,最早的便是龙冈书院,在这里传习了第一批心学学子,王阳明的教育思想,实际上是在龙冈形成的,开山之作就是《龙场生问答》与《教条示龙场诸生》。王阳明思想的传播,主要是通过书院,贵州的龙冈书院、江西的濂溪书院和浙江的稽山书院,便构成了王学传播的主要路线。

　　日本阳明园　位于日本近江圣人中江藤树纪念馆内。

附录三　相关知识链接

天理论

宋人程颢与程颐共同创立了"天理"学说。程颢说:"吾学虽有所受,'天理'二字却是自家体贴出来。""理"因此而成二程哲学的核心,宋明理学也就由此得名。

二程的天理论具有如下几个特点:第一,理是超越时空的、相对完满的精神实体,它不以人的意志为转移;第二,理是世界万物的总根源;第三,理是自然和社会的最高法则;最后,二程把人的不合节度的欲望、情感,称之为"人欲",是"天理"的对立面,二者具有不可容性。

尊德性与道问学

这是儒家学者关于道德教化的两个问题,也是个人得到完善的两条途径。《礼记·中庸》认为,君子既要尊重德性,又要讲求学习;既要情趣广大,又要穷尽细微;既要有高明的理想,又要有合乎中庸的行为;既要温习旧知识,又要认识新事物;既要笃实厚道,又要崇尚礼教。

宋以后,"尊德性"与"道问学"成了理学家争论的议题,争论的中心是如何进行道德修养的问题。陆九渊把"尊德性"放在首要位置,认为应把心中天赋的道德本性树立起来,提出"先立乎其大者";朱熹的"道问学",主张考察事物以获得知识;只有获得了知识,才能明辨是非,正确认识天理,按仁义的要求去做。陆九渊与朱熹关于"尊德性"与"道问学"的分歧,是两条求学道路的分歧。

"六经皆史"说

关于经史关系问题的一种见解。唐、宋以来,学者如唐王通,南宋陈傅良,明代宋濂、王阳明、王世贞、李贽等都曾加以讨论。陈傅良首创"经等于史"论,王阳明在《传习录》中提出"五经皆史"说,李贽在《焚书》中曾提出"经史相为表里"说,但均未作具体论述。系统地提出这一观点的是清代章学诚。他在《文史通义》中认为,古代无经史之别,六经只是先王施政的历史记录,把六经作为古代典章制度的渊源和历史资料来处理,从而打破了尊经抑史的传统思想束缚,扩大了历史研究和史料搜集的范围。也有的学者认为,章学诚探讨经史关系,并赋予一种新的含义,所谓"六经皆史"的"史",专指"史学",而不是指历史资料,六经之所以"皆史",亦即因为其中有"史意"的存在,实际上是针对当时脱离现实的考据学和空洞说教的理学的批评。此后,龚自珍和章太炎,也同主此说。

书院

书院是我国封建社会自唐以来一种重要的教育组织形式。书院萌芽于唐,但作为一种教育制度形成和兴盛则在宋朝。在私人设立的书院中,出现了授徒讲学活动。在宋代,有"天下四大书院"之说,即白鹿洞书院(今江西九江市庐山)、岳麓书院(湖南长沙市岳麓山)、嵩阳书院(河南登封嵩山)、睢阳书院(河南商丘)。在具体的办学过程中,这些书院形成独具特色的办学机制,成为其他书院效仿的对象。首先,书院都把儒学的传播和发展作为重要使命,带动了儒学的复兴。当时重要的儒家学派,如湖湘学派、象山心学、考亭学派、洛学,都是在书院形成的。兴办书院最盛的江西、湖南、福建都成为"理学名邦"、道学传扬基地;其次,书院逐渐形成研究学问、教学传道、藏书、刻书、祭祀、经营田产等六大基础事业;第三,书院组织管理臻于完善,基本形成了研究教学、行政管理、财务后勤、学生自治等相互联属的板块;第四,书院制定了比较完善的学规、规程、揭示、学榜等不同名目的规章制度。这些措施在后世产生了巨大影响,使得宋代书院在世界教育史上也占有重要地位。

明代众多书院中,名声大、影响广,莫过于江苏无锡的东林书院。

王阳明先后修建了龙冈书院(在贵州)、濂溪书院(在丹徒)、稽山书院(在绍兴)、敷文书院(在广西)。并在文明书院、岳麓书院、白鹿洞书院讲学。因为著名大师到处设书院讲学,对于明代中叶以后讲学之风的兴起、书院的迅速发展,起了直接的推动作用。

社学

社学产生于元朝,明朝继续和发展了元朝的社学制度,大加提倡,在全国城镇和乡村广泛设立,并在招生择师、学习内容、教学活动等方面,形成较为完善的制度,成为对民间儿童进行初步文化知识和伦理道德教育的重要形式。一般是:府州县每五十家设社学一所。招收 8 岁以上、15 岁以下民间儿童入学,带有某种强制性。社学的教师称社师。挑选地方有学行的长者担任。教学内容有《三字经》、《百家姓》、《千字文》等,然后学习经、史、历、算等知识,同时兼读明朝律令以及讲习冠、婚、丧、祭之礼。

明代形成了社学—府、州、县学—国子监,三级相衔接的学校教育体系。

道德与事功

《宋元学案》指出:陈亮认为实事实功是最重要的,凡是有功效的,就是“有德”;做到事济,就是“有理”。道德与事功是统一的。而在朱熹看来,道德和事功未必一致,道德原则和实际效果是有区别的。陈亮特别强调,道德必须通过事功得以表现,反对朱熹讳言功利,空谈心性义理。他认为,道德蕴含在事功之中,离开事功,道德就是一句空话。在陈亮看来,知识分子的人生理想,是学以"成人"而不是像朱熹所说的学以"成儒",不仅要有道德,更要有才能和智勇。

存天理,灭人欲

这个概念始见于《礼记》,程颢、程颐有所发挥,朱熹则以为儒学精髓。在朱熹看来,"人欲"指的是"私欲",与人的正当欲望,如饥饿而欲食,渴而欲饮,并不相同,而是指那些超出了不正当要求以及违反社会规范的欲望。因此,朱熹并不反对欲望,甚至承认人欲未必不好。他反对的是沉溺于欲望之中,无节制,难以自拔。这一理论的缺陷,是把天理与人欲对立起来,把属于社会伦理的"天理"看作独立于人之外的存在,而被任意赋予各种规定,造成"以理杀人"的后果。

格物致知

宋以后,儒者对格物致知的解释颇多分歧。如宋程颐、朱熹等释为:承认接触事物("格物")是获得知识("致知")的方法,但把这仅看作是启发内心直接达到"一旦豁然贯通"的手段;明代王阳明则认为:"天下之物本无可格者,其格物之功,只在身心上做"。"所谓格物致知者,致吾心之良知于事事物物也。"清顾元则解释"格物"为"犯手(动手)实做其事",并说"手格其物而后知至",肯定了行先于知。

附录四　名人赞说王阳明

王阳明矫正旧风气，开出新风气，功不在禹下。

——曾国藩

阳明先生，其事功，其志业，卓然一代伟人，断非寻常儒者所能几及。

——左宗棠

王文成公为明第一流人物，立德、立功、立言，皆居绝顶。

——王士禛

言心学者必能任事，阳明辈是也。大儒能用兵者，惟阳明一人而已。

——康有为

阳明先生，百世之师。王子之学，高尚纯美，优入圣域。

——梁启超

自孔孟以来，未有若此深切著明者也。

——黄宗羲

阳明先生以道德之事功，为三百年一人。

——魏　禧

日本维新,亦由王学为其先导。

——章太炎

日本的旧文明皆由中国传入,五十年前维新诸豪杰,沉醉于中国哲学大家王阳明的"知行合一"说。

——孙中山

明之中叶王阳明出,中兴陆学,而思想界之气象又一新焉。

——蔡元培

我推崇王阳明,是因为他在朱熹的理学已经成为正统的环境下,提出心学,有革命性的意义。

——林毅夫

21世纪将是王阳明的世纪。

——杜维明

修心炼胆,全从阳明学而来。

——[日]西乡隆盛

一生伏首拜阳明。

——[日]东乡平八郎

主要参考书目

（明）王守仁. 王阳明全集. 上海：上海古籍出版社，2011.

蔡仁厚. 王阳明哲学. 北京：九州出版社，2013.

陈来. 有无之境：王阳明哲学的精神. 北京：北京大学出版社，2006.

单正齐、甘会兵. 听冯友兰讲中国哲学. 西安：陕西师范大学出版社，2008.

杜维明. 青年王阳明：行动中的儒家思想. 北京：生活·读书·新知三联书店，2013.

冯友兰. 中国哲学史新编. 北京：人民出版社，2001.

郭齐勇. 中国哲学史. 北京：高等教育出版社，2012.

钱明. 王阳明及其学派论考. 北京：人民出版社，2009.

孙培育. 中国教育史. 上海：华东师范大学出版社，2000.

吴光阳. 明学综论. 北京：中国人民大学出版社，2009.

张学智. 明代哲学史. 北京：北京大学出版社，2003.

郑晓江、程林辉. 中国古代人生哲学史纲. 福州：福建教育出版社，2013.

索 引

后　记

　　自从新世纪初,参观了浙江余姚市王阳明故居及王阳明生平图片展览;于 2007 年 4 月,又看了在王阳明故乡余姚市展开王阳明国际文化周活动的报道,以及古今名人对王阳明的赞评,都激励我不懈地坚持对王阳明著作的研读。

　　在中国思想史上,占有重要席位的有先秦的散文、汉朝的儒学、魏晋的玄学、隋唐的佛学、宋朝的理学和明朝的心学,其中王阳明是明朝心学的集大成者。

　　明朝是一个思想禁锢的年代,心学对于冲决明代后期的思想罗网有着重要作用。王阳明的学说,在朱(熹)学衰颓之际,倡导"心即理"、"知行合一",把儒家的内圣之道发展到了极致,其思想冲破了数百年来中国思想界为程朱理学所垄断的沉闷局面,风靡晚明,启迪近代,即使到现代社会,它依然历久弥新,影响甚大。毛泽东年轻时,就学习过王阳明的著述;蒋介石是王阳明的信徒,败退台湾后将台北草山改名为阳明山。

　　王阳明说自己的心学,是孔孟"千古相传一点真骨血",这是句朴实的良心话。"心"的基本属性是实践精神和意志。"心学"是努力践行独立之意志、自由之思想的精神哲学,然而也只是努力而已。总之是一种神圣人生论,让生命去照亮生活,而不是用生活剥夺生命。用扩张良知的方法,即用自我的力量来完成自我,而不是压抑人性、压缩自我的办法。心学告诉你:"今日良知见在如此,只随今日所知扩充到底;明日良知又在开悟,便从明日所知扩充到底。"好好学习,天天向上,随着你的世界观步入正轨、升华,人生境界和生存感受就会日新、日日新。

我衷心感谢十多位大师(见"主要参考书目"),是他们的有关著作,让我吸取营养,增长智慧,丰富知识,使作品增添亮色。衷心感谢宁海县体育发展中心季伟丽女士,不辞辛劳,是她利用业余时间和节假日,为我打字录入书稿。当书稿即将打印好,承蒙浙江大学出版社胡畔女士不弃,及时地将本书列入选题,并对我耐心指点,一丝不苟,这是莫大的鼓励和支持。在此,对胡畔女士表示特别的感谢。但是,囿于所学,书中难免有偏颇错讹之处,希望读者朋友批评指正。

顾鸿安
二〇一四年十二月于宁海青藤书屋